I discorsi di Epitteto (Libro 1)

Dalla lezione all'azione!

EPITTETO

Adattato per il lettore di oggi | La filosofia stoica al presente

■■■

Elenco dei collaboratori: Epitteto (Epictetus), George Long, Sam Nusselt, G. S. Neri.

Epitteto è stato un filosofo greco vissuto tra il 55 e il 135 d.C. Nato in schiavitù a Hierapolis, in Frigia (l'attuale Turchia), ottenne in seguito la libertà. Gli insegnamenti di Epitteto erano incentrati sullo stoicismo e sottolineavano l'importanza dell'autodisciplina, dell'accettazione del destino e della ricerca della virtù. Sebbene non abbia scritto nessuno dei suoi insegnamenti, il suo allievo Arriano, un senatore romano, compilò i "Discorsi" e l'"Enchiridion", basati sulle lezioni di Epitteto. La filosofia di Epitteto ebbe una grande influenza sui filosofi stoici successivi e continua a essere studiata e rispettata ancora oggi.

I discorsi di Epitteto (Libro 1) - Dalla lezione all'azione!

Adattamento, copertina, Copyright © 2023 ISBN OWNER

LEGENDARY EDITIONS

QUESTO ADATTAMENTO È UN'OPERA PROTETTA DA COPYRIGHT, LEGALMENTE REGISTRATA/PROTETTA CON LA TECNOLOGIA BLOCKCHAIN (NUMERO DI REGISTRAZIONE: DA-2023-046235)

Tutti i diritti riservati. Nessuna parte di questo libro può essere utilizzata o riprodotta in alcun modo senza previa autorizzazione scritta.

Traduzione: G. S. Neri

Edizione/Versione: 1/5 [Rivisto 16 maggio 2024]

1. Etica. | 2. Stoici. | 3. La vita.

■ AΩ ■

Esclusione di responsabilità: le informazioni contenute in questo documento hanno uno scopo esclusivamente educativo e di intrattenimento. È stato fatto ogni sforzo per presentare informazioni accurate, aggiornate, affidabili e complete. Non viene espressa o implicita alcuna garanzia di alcun tipo. I lettori riconoscono che l'autore non è impegnato a fornire consigli legali, finanziari, medici o professionali. I contenuti di questo libro sono stati ricercati da & varie fonti. Si prega di consultare un professionista abilitato prima di tentare una qualsiasi delle tecniche descritte in questo libro. Leggendo questo documento, il lettore accetta che in nessun caso l'autore potrà essere ritenuto responsabile di eventuali perdite, dirette o indirette, subite in seguito all'uso delle informazioni contenute in questo documento, compresi, ma non solo, errori, omissioni o imprecisioni.

Espandete i vostri orizzonti letterari e regalate la gioia della lettura: Scoprite un mondo di libri accattivanti che ispirano, educano e divertono!

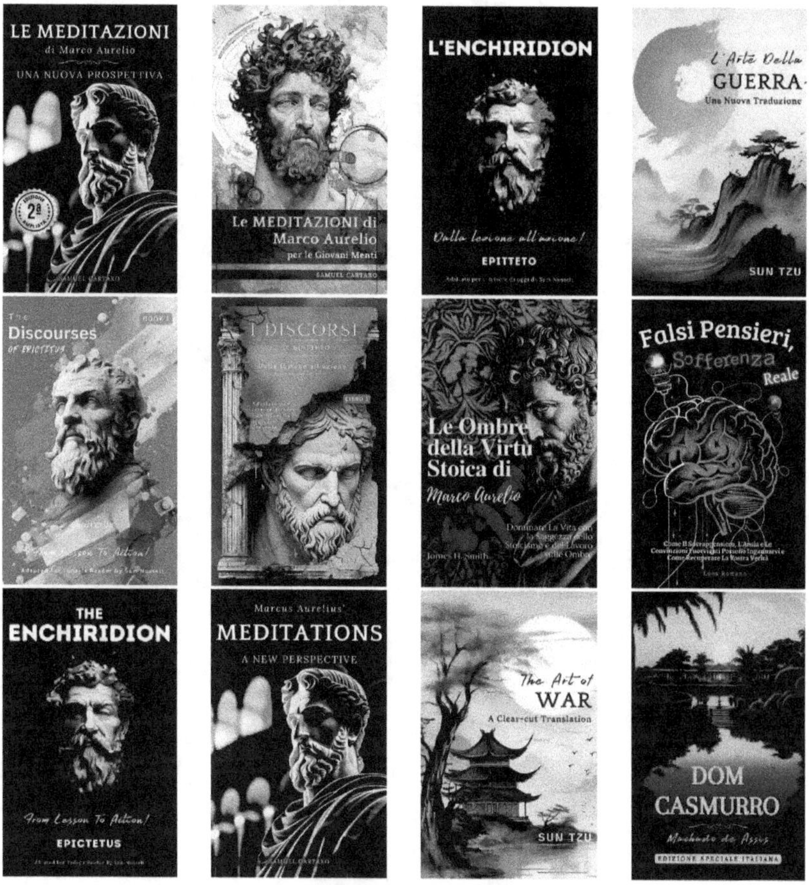

https://www.legendaryeditions.art/

CONTENUTI

CAPITOLO 1 — DELLE COSE CHE SONO IN NOSTRO POTERE E NON IN NOSTRO POTERE 1

CAPITOLO 2 — COME UNA PERSONA PUÒ MANTENERE IN OGNI OCCASIONE IL SUO CARATTERE CORRETTO 7

CAPITOLO 3 — COME SI DEVE PROCEDERE DAL PRINCIPIO CHE DIO È IL PADRE DI TUTTI GLI UOMINI VERSO IL RESTO 13

CAPITOLO 4 — DI PROGRESSO O MIGLIORAMENTO 17

CAPITOLO 5 — CONTRO GLI ACCADEMICI 23

CAPITOLO 6 — DELLA PROVVIDENZA 27

CAPITOLO 7 — DELL'USO DI ARGOMENTI SOFISTICI, IPOTETICI E SIMILI 33

CAPITOLO 8 — CHE LE FACOLTÀ NON SONO SICURE PER CHI NON È ISTRUITO 39

CAPITOLO 9 — COME DAL FATTO CHE SIAMO AFFINI A DIO UNA PERSONA PUÒ PROCEDERE ALLE CONSEGUENZE 43

CAPITOLO 10 — CONTRO COLORO CHE CERCANO ARDENTEMENTE DI FARSI APPREZZARE A ROMA 49

CAPITOLO 11 — DELL'AFFETTO NATURALE 53

CAPITOLO 12 — DELLA CONTENTEZZA 59

CAPITOLO 13 — COME FARE TUTTO IN MODO ACCETTABILE PER GLI DEI 65

CAPITOLO 14 — CHE LA DIVINITÀ SOVRINTENDE A TUTTE LE COSE 69

CAPITOLO 15 — COSA PROMETTE LA FILOSOFIA 73

CAPITOLO 16 — DELLA PROVVIDENZA 77

CONTENUTI

CAPITOLO 17 — CHE L'ARTE LOGICA È NECESSARIA 81

CAPITOLO 18 — CHE NON DOBBIAMO ARRABBIARCI PER GLI ERRORI DEGLI ALTRI 87

CAPITOLO 19 — COME COMPORTARSI CON I TIRANNI 93

CAPITOLO 20 — SULLA RAGIONE, COME CONTEMPLA SE STESSA 99

CAPITOLO 21 — CONTRO COLORO CHE VOGLIONO ESSERE AMMIRATI 103

CAPITOLO 22 — SULLE PRECOGNIZIONI 105

CAPITOLO 23 — CONTRO EPICURO 109

CAPITOLO 24 — COME DOBBIAMO LOTTARE CON LE CIRCOSTANZE 113

CAPITOLO 25 — SULLO STESSO 117

CAPITOLO 26 — QUAL È LA LEGGE DELLA VITA 123

CAPITOLO 27 — IN QUANTI MODI ESISTONO LE APPARENZE E QUALI AIUTI DOBBIAMO FORNIRE CONTRO DI ESSE 127

CAPITOLO 28 — CHE NON DOBBIAMO ADIRARCI CON GLI UOMINI E QUALI SONO LE PICCOLE E LE GRANDI COSE TRA GLI UOMINI 131

CAPITOLO 29 — SULLA COSTANZA 137

CAPITOLO 30 — COSA DOBBIAMO AVERE PRONTO NELLE CIRCOSTANZE DIFFICILI 147

INDICE 151

PREFAZIONE

Nel regno della filosofia antica, poche voci hanno risuonato con altrettanta forza e hanno smosso le profondità dello spirito umano come quella di Epitteto, il venerato filosofo stoico dell'antica Grecia. La sua saggezza senza tempo continua a permeare il tessuto del pensiero umano, offrendo conforto, guida e ispirazione a coloro che cercano una vita di scopo e tranquillità.

"I Discorsi di Epitteto" è un'opera che racchiude i profondi insegnamenti e le intuizioni di questo straordinario filosofo. Attraverso queste pagine, Epitteto ci accompagna in un viaggio di trasformazione, guidandoci dalla mera comprensione intellettuale al potere trasformativo dell'azione.

Epitteto credeva che la vera saggezza potesse essere raggiunta solo attraverso l'applicazione pratica. Non basta contemplare i principi filosofici, bisogna incarnarli in ogni respiro, in ogni interazione. Questo libro, una raccolta delle sue illuminanti conferenze, svela il percorso per raggiungere la pace interiore e la realizzazione mettendo in pratica la filosofia.

In queste parole sacre, Epitteto impartisce lezioni preziose sulla natura della padronanza di sé, sulla resilienza e sul vivere in armonia con le mutevoli maree dell'esistenza. Egli chiarisce l'importanza di discernere ciò che è sotto il nostro controllo e ciò che si trova al di là, conducendoci verso un incrollabile senso di libertà e serenità, indipendentemente dalle circostanze esterne.

Gli insegnamenti di Epitteto vanno oltre i limiti della teoria. Fornisce esercizi pratici ed esempi relativi che ci permettono di colmare senza problemi il divario tra la filosofia e la vita di tutti i giorni. Che si tratti di navigare nelle relazioni personali, di affrontare

PREFAZIONE

le avversità o di cercare un significato in mezzo al caos, le sue parole diventano una bussola che ci guida verso una migliore comprensione di noi stessi e del mondo che ci circonda.

Questo libro non è solo un trattato filosofico; è una chiamata alle armi, una testimonianza del potere trasformativo dell'applicazione dell'antica saggezza alle complessità della nostra vita moderna. Ci ricorda che la vera felicità non risiede nella mano volubile del destino, ma nel potere incrollabile dei nostri pensieri, delle nostre scelte e delle nostre azioni.

Aprite queste pagine, immergetevi negli insegnamenti senza tempo di Epitteto e intraprendete un viaggio verso la padronanza di sé, la libertà e le straordinarie vette dello spirito umano.

CAPITOLO 1

— Delle cose che sono in nostro potere e non in nostro potere

Il potere della contemplazione è una facoltà che sfugge a tutte le altre, rendendole incapaci di auto-riflessione o di giudizio. Persino l'arte della grammatica, che ci permette di formulare giudizi sulle parole scritte e pronunciate, non ha la capacità di contemplare se stessa. Lo stesso si può dire per la musica, che può valutare le melodie ma non la propria esistenza. C'è però una facoltà che si distingue per la capacità di contemplare se stessa e tutte le altre cose: la facoltà razionale. È questa facoltà che ci permette di esaminare il valore e l'utilità di altre facoltà, come la musica e la grammatica, e di esprimere giudizi sulle apparenze. Sebbene gli dèi non ci abbiano conferito il potere su molti aspetti della nostra vita, ci hanno dotato della capacità di usare le apparenze e di utilizzare con saggezza la nostra facoltà razionale. Riconoscendo questo come il nostro vero possesso e dirigendo la nostra attenzione verso di esso, possiamo navigare attraverso la vita senza ostacoli o lamenti.

La facoltà razionale e il potere della percezione

Di tutte le facoltà, nessuna è in grado di contemplare se stessa, e quindi non è in grado di approvare o disapprovare. Che potere ha l'arte della grammatica nella contemplazione? Ha la capacità di formulare giudizi su ciò che viene scritto e parlato. E la musica? Può esprimere giudizi sulle melodie. Ma queste facoltà contemplano se stesse? No, per niente. Tuttavia, quando dovete scrivere qualcosa a un amico, la grammatica vi guiderà nella scelta delle parole, ma non vi dirà se dovete scrivere o meno. Lo stesso vale per la musica e i suoni musicali. La musica può guidarvi nella scelta di ciò che suona bene, ma non vi dirà se dovete cantare o suonare il liuto nel momento presente, o se non dovete fare nessuna delle due cose. Allora, quale facoltà ve lo dirà? È la facoltà razionale, quella che contempla se stessa e tutte le altre cose. Che cos'è questa facoltà? È la nostra capacità di esaminare noi stessi, la nostra natura e le nostre capacità, e di comprendere il valore di questi doni. È anche la capacità di esaminare tutte le altre facoltà. Dopo tutto, chi altro dichiara che le cose d'oro sono belle? Certamente non le cose d'oro stesse. È chiaro che è la facoltà che può giudicare le apparenze. E chi altro giudica la musica, la grammatica e altre facoltà, ne discerne l'utilità e individua i momenti adatti per il loro utilizzo? Nessun altro.

Come era allora, era appropriato che fosse così - la cosa migliore e più suprema di tutte è l'unica su cui gli dei ci hanno dato il controllo: l'uso corretto delle apparenze. Tutte le altre cose, invece, sfuggono al nostro controllo. È perché gli dèi hanno scelto che fosse così? Credo che se ne fossero stati capaci, ci avrebbero dato il controllo anche su queste altre cose, ma semplicemente non potevano. Poiché esistiamo sulla terra, legati a un corpo fisico e circondati da compagni, sarebbe stato impossibile per noi non essere influenzati da fattori esterni in relazione a queste cose.

Ma cosa dice Zeus? "Epitteto, se fosse stato possibile, avrei reso il tuo piccolo corpo e la tua piccola proprietà liberi e non esposti a ostacoli. Ma ora non ignorare questo: questo corpo non è tuo, ma è argilla finemente temprata. E poiché non ho potuto fare per te ciò che ho menzionato, ti ho dato una piccola parte di noi, questa facoltà di perseguire un oggetto e di evitarlo, e la facoltà di desiderare e di avversare, e, in una parola, la facoltà di usare le apparenze delle cose; e se avrai cura di questa facoltà e la considererai il tuo unico possesso, non sarai mai ostacolato, non incontrerai mai impedimenti; non ti lamenterai, non biasimerai, non adulerai nessuno".

Ebbene, queste piccole questioni vi sembrano importanti? Spero di no. Accontentatevi e pregate gli dei. Tuttavia, ora che abbiamo la possibilità di concentrarci su una cosa e di dedicarci ad essa, scegliamo invece di concentrarci su molte cose. Ci affezioniamo ai nostri corpi, ai beni, ai fratelli, agli amici, ai figli e agli schiavi. Poiché siamo attaccati a tante cose, ci sentiamo appesantiti e oppressi. Di conseguenza, quando il tempo non è adatto per navigare, ci sediamo e ci tormentiamo, cercando costantemente la direzione del vento. "Soffia da nord". Ma che importanza ha per noi? "Quando soffierà il vento da ovest?" Soffierà quando vorrà, amico mio, o quando Eolo vorrà. Non è tua responsabilità controllare i venti, ma di Eolo. Quindi cosa dobbiamo fare? Dobbiamo fare il miglior uso possibile delle cose che abbiamo sotto controllo e usare le altre secondo la loro natura. E qual è la loro natura? Spetta a Dio deciderlo.

"Devo dunque essere l'unico a cui viene tagliata la testa?". Vorresti che tutti gli uomini perdessero la testa solo per consolarti? Non allungherete il collo come fece Laterano a Roma quando Nerone ordinò la sua decapitazione? Infatti, dopo aver allungato il collo e aver ricevuto un debole colpo che lo fece ritrarre brevemente, lo allungò di nuovo. E poco prima, quando fu visitato da Epafrodito, il liberto di Nerone, che si informò sull'offesa che aveva commesso, disse: "Se deciderò di divulgare qualcosa, lo dirò al tuo padrone".

Che cosa deve avere in serbo un uomo in queste circostanze? Cos'altro se non "ciò che è mio e ciò che non è mio, ciò che mi è permesso e ciò che non mi è permesso". Devo morire. Devo morire lamentandomi? Devo essere messo in catene. E allora devo anche lamentarmi? Devo andare in esilio. C'è forse qualcuno che mi impedisce di andarci con il sorriso, l'allegria e la soddisfazione? "Dimmi il segreto che possiedi". Non lo farò, perché è in mio potere. "Ma ti metterò in catene". Amico, di cosa stai parlando? Di me in catene? Puoi anche incatenarmi una gamba, ma la mia volontà non può essere sopraffatta nemmeno da Zeus in persona. "Ti metterò in prigione". Il mio povero corpo, vorrai dire. "Ti taglierò la testa". Quando mai vi ho detto che solo la mia testa non può essere tagliata? Queste sono le cose su cui i filosofi dovrebbero meditare, su cui dovrebbero scrivere ogni giorno e su cui dovrebbero esercitarsi. Thrasea era solito dire: "Preferirei essere ucciso oggi che bandito domani". Cosa gli disse allora Rufo? "Se scegli la morte come

CAPITOLO 1 — Delle cose che sono in nostro potere e non in nostro potere

disgrazia più pesante, quanto è grande la follia della tua scelta? Ma se è la più leggera, chi ti ha dato la possibilità di scegliere? Non ti studierai di accontentarti di ciò che ti è stato dato?". Che cosa disse allora Agrippino? Disse: "Non sono un ostacolo per me stesso". Quando gli fu riferito che il suo processo era in corso in Senato, disse: "Spero che vada bene, ma è la quinta ora del giorno" - era l'ora in cui era solito allenarsi e poi fare il bagno freddo - "andiamo a fare il nostro esercizio". Dopo aver fatto il suo esercizio, qualcuno viene a dirgli: "Sei stato condannato". "Al bando", risponde, "o alla morte?". "Al bando". "E la mia proprietà?" "Non ti sarà tolta". "Andiamo allora ad Aricia", disse, "e ceniamo". Ecco cosa significa aver studiato ciò che un uomo dovrebbe studiare; aver reso il desiderio e l'avversione liberi da ostacoli e da tutto ciò che un uomo vorrebbe evitare. Devo morire. Se ora, sono pronto a morire. Se, dopo poco tempo, ceno perché è l'ora di cena, allora morirò. Come? Come un uomo che cede ciò che appartiene a un altro.

Dalla lezione...

Concentratevi su ciò che è sotto il vostro controllo e abbandonate l'attaccamento alle cose esterne. Abbracciate le avversità con resilienza e coltivate una mentalità di contentezza e accettazione.

All'azione!

(1) Riflettete sul fatto che nessuna facoltà è in grado di contemplare se stessa e di non approvare né disapprovare.
(2) Comprendere che l'arte della grammatica ha il potere di formare giudizi sulla lingua scritta e parlata.
(3) Riconoscere che la musica ha il potere di giudicare la melodia.
(4) Riconoscere che né la grammatica né la musica possono contemplare se stesse.
(5) Capite che la grammatica può dirvi quali parole scrivere, ma non può dirvi se dovete scrivere o meno.
(6) Riconoscere che la musica può indicare i suoni musicali, ma non può dire se si deve cantare o suonare uno strumento.
(7) Riflettere sul fatto che la facoltà razionale è l'unica in grado di contemplare se stessa e tutte le altre cose.
(8) Comprendere che la facoltà razionale è in grado di giudicare le apparenze e può determinare il valore e gli usi delle altre facoltà.

(9) Riflettete sul fatto che la facoltà razionale ci dice che le cose dorate sono belle, mentre non lo dicono loro stesse.
(10) Riconoscere che la facoltà razionale giudica la musica, la grammatica e altre facoltà, determinandone l'uso e il momento in cui usarle.
(11) Riconoscere che gli dei hanno messo in nostro potere il giusto uso delle apparenze, la facoltà razionale.
(12) Riflettere sul fatto che tutto il resto non è in nostro potere e non è stato messo dagli dei per essere controllato.
(13) Comprendete che, nonostante l'incapacità degli dei di mettere altre cose in nostro potere, lo farebbero se potessero.
(14) Riconoscere che i fattori esterni, come il nostro corpo e i nostri compagni, ci impediscono di fare altre cose.
(15) Riflettere sul messaggio di Zeus che il nostro corpo non è veramente nostro, ma piuttosto argilla finemente temperata.
(16) Comprendete che Zeus ci ha dato le facoltà di perseguire ed evitare, di desiderare e avversare, e di usare le apparenze come unico possesso.
(17) Riconoscere che se ci prendiamo cura e consideriamo questa facoltà come il nostro unico bene, non saremo mai ostacolati o incontreremo ostacoli.
(18) Capire che è meglio accontentarsi delle facoltà che ci sono state date e pregare gli dei.
(19) Riflettete sul fatto che invece di concentrarci su una cosa in nostro potere, spesso ci attacchiamo a molte cose, che ci deprimono e ci trascinano giù.
(20) Riconoscere che dobbiamo fare il miglior uso delle cose in nostro potere e utilizzare le altre secondo la loro natura, come stabilito da Dio.
(21) Riflettete sugli esempi di Laterano e della sua accettazione della morte e di Agrippino che si accontenta della sua situazione.
(22) Capire che dobbiamo avere la prontezza di distinguere tra ciò che è nostro e ciò che non lo è, tra ciò che ci è permesso e ciò che non ci è permesso.

(23) Riflettete sul fatto che la nostra volontà non può essere sopraffatta dalle circostanze esterne, anche se il nostro corpo può essere colpito.

(24) Riconoscere l'importanza di studiare e meditare sugli insegnamenti filosofici per sviluppare una mentalità che ci permetta di accontentarci di ciò che ci viene dato.

CAPITOLO 2

— Come una persona può mantenere in ogni occasione il suo carattere corretto

Nella ricerca della ragione e della razionalità, l'irrazionale diventa intollerabile, mentre ciò che è in linea con la ragione è considerato tollerabile. Il concetto di tollerabilità va oltre il dolore fisico, poiché la natura razionale delle azioni e delle decisioni ha un'influenza maggiore sulla percezione di ciò che è sopportabile. Tuttavia, ciò che viene considerato razionale o irrazionale può variare da persona a persona, richiedendo disciplina e adattamento per allineare i propri preconcetti con ciò che è conforme alla natura. Questa esplorazione introspettiva della razionalità si estende anche al valore che gli individui attribuiscono a se stessi e alla loro volontà di conformarsi alle aspettative della società. La discussione che segue approfondisce le complessità della razionalità e dell'irrazionalità, sfidando gli individui a riflettere sul proprio valore e sui compromessi che scelgono di fare.

> L'importanza della razionalità e della consapevolezza di sé nel prendere decisioni

Solo per l'animale razionale l'irrazionale è intollerabile; ma ciò che è razionale è tollerabile. I colpi non sono naturalmente intollerabili. "Come mai?" Guardate come i Lacedemoni sopportano le frustate quando hanno imparato che sono coerenti con la ragione. "Impiccarsi non è intollerabile". Quindi, quando si crede che sia

CAPITOLO 2 — Come una persona può mantenere in ogni occasione il suo carattere corretto

razionale, si va a impiccarsi. In sintesi, se osserviamo, scopriremo che l'essere umano non è addolorato da nulla quanto da ciò che è irrazionale; e viceversa, non è attratto da nulla quanto da ciò che è razionale.

Ma il razionale e l'irrazionale appaiono in modo diverso a seconda degli individui, proprio come il buono e il cattivo, il redditizio e il non redditizio. Per questo motivo, è necessario imparare ad adattare le nostre nozioni preconcette su ciò che è razionale e irrazionale alle diverse situazioni, in accordo con la natura. Nel determinare ciò che è razionale e irrazionale, non prendiamo in considerazione solo i fattori esterni, ma anche ciò che è appropriato per ogni persona. Per una persona può essere ragionevole tenere un vaso da notte per qualcun altro, solo perché se non lo fa sarà punito e privato del cibo. Per un'altra persona, invece, non solo tenere un vaso da notte è insopportabile per sé, ma è anche intollerabile che qualcun altro svolga questo compito per lei. Se mi chiedeste se dovreste tenere il vaso da notte o meno, vi direi che ricevere il cibo è più importante che non riceverlo, e che essere picchiati è un'umiliazione maggiore che non essere picchiati. Quindi, se decidete in base a questi fattori, tenete pure il vaso da notte. "Ma", potreste dire, "questo non sarebbe degno di me". Beh, allora sta a voi valutare questo aspetto, non a me. Siete voi a conoscere il vostro valore e il prezzo a cui siete disposti a vendervi. Le persone si vendono a prezzi diversi.

Per questo motivo, quando Floro stava valutando se assistere agli spettacoli di Nerone e addirittura esibirsi in prima persona, Agrippino gli consigliò: "Vai pure"; e quando Floro chiese ad Agrippino: "Perché non vai?". Agrippino rispose: "Perché io non prendo nemmeno in considerazione queste cose". Quando qualcuno inizia a riflettere su queste cose e a calcolare il valore delle cose esterne, è molto vicino a chi ha dimenticato la sua vera natura. Allora perché mi chiede se la morte è meglio della vita? Io dico "la vita". "Dolore o piacere?" Rispondo "piacere". Ma se non partecipo alla recita tragica, mi taglieranno la testa. Allora vai e partecipa, ma io non lo farò. "Perché?" Perché ti vedi solo come un filo tra i tanti di una tunica. Bene, allora era tua responsabilità fare in modo di essere come il resto dell'umanità, così come un filo non ha lo scopo di essere

CAPITOLO 2 — Come una persona può mantenere in ogni occasione il suo carattere corretto

superiore agli altri fili. Ma io voglio essere viola, quella piccola parte che è luminosa e fa apparire tutto il resto elegante e bello. Allora perché mi dite di conformarmi alla maggioranza? E anche se lo facessi, come potrei essere ancora viola? Anche Prisco Elvidio se ne rese conto e agì di conseguenza. Quando Vespasiano gli mandò a dire di non entrare in senato, egli rispose: "È in tuo potere non permettermi di essere membro del senato, ma finché lo sono, devo entrare". "Bene, entra", dice l'imperatore, "ma non parlare". "Non chiedere la mia opinione e io rimarrò in silenzio". "Ma devo chiedere la tua opinione". "E devo dire ciò che ritengo giusto". "Ma se lo fai, ti ucciderò". "Quando ho detto che sono immortale? Tu farai la tua parte e io la mia: a te spetta uccidere; a me morire, ma non di paura: a te bandirmi; a me partire senza dolore".

A cosa serviva allora Prisco, che era una sola persona? E che utilità ha la porpora per la toga? Beh, se non questo: risalta nella toga come porpora e serve da modello per tutte le altre cose. In tali circostanze, un'altra persona avrebbe potuto rispondere a Cesare, che gli aveva proibito di entrare in Senato, dicendo: "Apprezzo la tua clemenza". Tuttavia, Vespasiano non avrebbe nemmeno proibito a un uomo del genere di entrare in senato, perché sapeva che sarebbe rimasto in silenzio come un recipiente qualunque oppure, se avesse parlato, avrebbe detto ciò che Cesare desiderava e avrebbe fornito ancora di più.

In modo simile, c'era un atleta che rischiava di morire se non gli fossero stati amputati i genitali. Suo fratello, che era un filosofo, si avvicinò all'atleta e gli chiese: "Cosa vuoi fare, fratello? Procediamo con l'amputazione e torniamo in palestra?". Tuttavia, l'atleta rimase fermo nella sua decisione e alla fine morì. Alla domanda se l'atleta avesse agito come atleta o come filosofo, Epitteto rispose: "Come essere umano". Spiegò inoltre di essere stato riconosciuto come atleta ai Giochi Olimpici e di avervi partecipato. Aveva vissuto in prima persona un simile contesto, a differenza di chi era stato semplicemente consacrato alla scuola di Batone. Epitteto sottolinea che questo individuo avrebbe sacrificato volentieri anche la propria testa, pur di poter continuare a vivere senza di essa. Ciò dimostra

CAPITOLO 2 — Come una persona può mantenere in ogni occasione il suo carattere corretto

l'immensa importanza attribuita al carattere da coloro che si sono abituati a valutarlo insieme ad altre considerazioni.

"Vieni, dunque, Epitteto, raditi". "Se sono un filosofo", rispondo, "non mi raderò". "Ma ti toglierò la testa?". Se questo ti fa bene, toglitela.

Una volta qualcuno chiese: "Come può ognuno di noi determinare ciò che si addice al proprio carattere?". La risposta fu: "Proprio come un toro, quando viene attaccato da un leone, riconosce istintivamente la propria forza e difende l'intera mandria". È chiaro che la consapevolezza di avere certe capacità è immediatamente collegata al possesso di quelle capacità. Pertanto, chiunque di noi possieda tali capacità non ne sarà ignaro. Ma diventare un toro o un uomo coraggioso non avviene da un giorno all'altro. Dobbiamo disciplinarci durante l'inverno per prepararci alle battaglie estive e non coinvolgerci sconsideratamente in questioni che non ci riguardano. Riflettete profondamente sul valore che date alla vostra volontà. Anche se per nessun altro motivo, considerate che non dovreste venderla per un prezzo irrisorio. Le qualità che appartengono a Socrate e a quelli come lui possono essere grandi ed eccezionali. Tuttavia, se siamo naturalmente portati a queste qualità, perché non ci sono molti altri individui che gli assomigliano? Tutti i cavalli diventano automaticamente corridori veloci? Tutti i cani sono naturalmente abili nel seguire le impronte? "Quindi, se sono naturalmente poco stimolante, non dovrei fare uno sforzo?". Sicuramente no. Epitteto può anche non superare Socrate, ma se non è inferiore, per me è sufficiente. Non sarò mai un campione come Milo, ma mi prendo comunque cura del mio corpo. Non sarò mai ricco come Creso, ma gestisco comunque i miei beni. In breve, non trascuriamo nessun aspetto della nostra vita solo perché forse non raggiungeremo mai l'apice del successo.

Dalla lezione...

Abbracciate la razionalità e rifiutate l'irrazionalità, perché è attraverso questo discernimento che scopriamo il vero valore e lo scopo della vita.

CAPITOLO 2 — Come una persona può mantenere in ogni occasione il suo carattere corretto

> **All'azione!**

(1) Osservare e riconoscere che il razionale è tollerabile e l'irrazionale è intollerabile.

(2) Comprendere che ciò che è razionale e irrazionale può essere diverso per individui diversi.

(3) Praticare la disciplina per imparare ad adattare il concetto di razionalità e irrazionalità alle diverse situazioni.

(4) Considerate sia le circostanze esterne che i valori personali per determinare cosa è razionale e cosa è irrazionale.

(5) Comprendere il valore di azioni e interessi diversi in relazione al proprio benessere.

(6) Riconoscere l'importanza dell'individualità e di difendere i propri principi, anche se ciò va contro le norme sociali.

(7) Accettare le conseguenze delle proprie scelte e azioni senza paura o rimpianti.

(8) Cercate di essere un esempio o un'ispirazione per gli altri, proprio come il colore viola spicca in un abito.

(9) Abbracciare e incarnare il proprio carattere e i propri valori, anche di fronte alle avversità.

(10) Disciplinarsi per sviluppare e riconoscere i punti di forza e le capacità personali.

(11) Prepararsi e allenarsi per affrontare le sfide e le opportunità, piuttosto che affrontarle impulsivamente.

(12) Riflettere sul valore e sull'importanza del proprio testamento e valutare l'opportunità di venderlo a qualsiasi prezzo.

(13) Riconoscere che la grandezza può non essere raggiungibile per tutti, ma questo non significa che si debba trascurare l'automiglioramento e l'impegno.

(14) Sforzarsi di raggiungere il proprio potenziale e il proprio meglio personale, anche se non si raggiunge la perfezione assoluta.

(15) Prendersi cura di sé fisicamente, mentalmente e materialmente, pur non puntando a risultati straordinari.

CAPITOLO 3

— Come si deve procedere dal principio che Dio è il padre di tutti gli uomini verso il resto

Abbracciate la vostra vera origine, perché è la chiave per scacciare ogni pensiero di insignificanza. Se si accetta pienamente l'idea che tutti noi siamo discendenti del divino, sia gli dei che gli uomini, allora qualsiasi idea di mediocrità sarà espulsa dalla mente. Immaginate di essere adottati da Cesare: non sareste forse consumati dall'arroganza? Allo stesso modo, se sapeste di essere il figlio di Zeus, non sareste pieni di orgoglio? Eppure, resistiamo a queste tentazioni. Nell'esistenza umana, una combinazione di animalità e ragione si intreccia, creando una scelta tra una dolorosa esistenza mortale e una gioiosa esistenza divina. Purtroppo, la maggioranza soccombe alla prima, sminuendo se stessa e ignorando il proprio potenziale. Si considerano nient'altro che misere creature avvolte nella carne. Ma voi possedete qualcosa di molto più grande della vostra forma fisica. Allora perché trascurate la vostra vera essenza a favore di questo semplice contenitore? Attenzione, perché soccombere alla connessione primordiale con la carne può spingere alcuni verso la doppiezza e la cattiveria, trasformandoli in lupi o leoni selvaggi. Tuttavia, la stragrande maggioranza di noi diventa come una volpe, e anche peggio. Infatti, cos'è un calunniatore o un individuo maligno se non un misero

CAPITOLO 3 — Come si deve procedere dal principio che Dio è il padre di tutti gli uomini verso il resto

animale? Pertanto, vi imploro di ascoltare questo avvertimento e di evitare di diventare uno di questi esseri pietosi.

Abbracciare il nostro potenziale divino

Se un uomo abbracciasse veramente la convinzione che siamo tutti discendenti di Dio in modo unico e che Dio è il padre sia degli uomini che degli dei, allora non nutrirebbe mai pensieri umili o avvilenti su se stesso. Tuttavia, se Cesare vi adottasse, nessuno potrebbe tollerare la vostra arroganza. E se voi foste consapevoli di essere la progenie di Zeus, non sareste forse pieni di orgoglio? Tuttavia, non ci comportiamo così; anzi, poiché la creazione degli esseri umani è una combinazione di corpo fisico animale e di qualità divine di ragione e intelletto, molti propendono per il lato pietoso e mortale della nostra natura, mentre solo pochi abbracciano l'aspetto divino e beato. Pertanto, poiché ogni persona è costretta a conformarsi alla propria percezione, quei pochi che credono di essere stati creati per la lealtà, la modestia e il saggio utilizzo delle apparenze non hanno pensieri banali o meschini su se stessi. D'altra parte, la maggioranza assume una posizione opposta. Dichiara: "Che cosa sono? Un misero e pietoso umano con questo misero pezzo di carne". Sì, sarà anche misero, ma voi possedete qualcosa di molto superiore al vostro involucro fisico. Allora perché trascurate ciò che è superiore e vi attaccate a ciò che è inferiore?

A causa di questa affiliazione con il corpo fisico, alcuni di noi che vi sono inclini diventano come lupi, infedeli, traditori e maliziosi. Altri diventano come leoni, selvaggi e indomiti. Tuttavia, la maggior parte di noi diventa una volpe e altre creature ancora più degradate. Infatti, cos'altro si può dire di un calunniatore o di un individuo malvagio se non che assomiglia a una volpe o a un'altra creatura miserabile e umile? Pertanto, siate vigili e assicuratevi di non diventare uno di questi esseri pietosi.

Dalla lezione...

Abbracciate la vostra natura divina e rifiutate i pensieri e i comportamenti negativi che derivano dal legame con la carne mortale.

CAPITOLO 3 — Come si deve procedere dal principio che Dio è il padre di tutti gli uomini verso il resto

All'azione!

(1) Riflettere sulla convinzione che tutti discendiamo da Dio e che Dio è il padre sia degli uomini che degli dei. Abbracciare questa convinzione per coltivare un'immagine positiva di sé ed evitare di avere pensieri bassi o ignobili su se stessi.

(2) Riconoscete che se qualcuno di importante come Cesare vi adottasse, sarebbe inaccettabile diventare arroganti. Allo stesso modo, la comprensione della vostra eredità divina come figlio di Zeus non deve portare a un eccessivo orgoglio.

(3) Comprendete che l'umanità possiede sia corpi fisici condivisi con gli animali sia ragione e intelligenza condivise con gli dei. Scegliete di abbracciare l'aspetto divino della vostra natura, che porta alla felicità, piuttosto che l'aspetto mortale e miserabile.

(4) Rendetevi conto che ognuno usa tutto secondo le proprie convinzioni e opinioni. Chi crede nella fedeltà, nella modestia e nell'uso corretto delle apparenze ha un'immagine positiva di sé e non si considera meschino o ignobile.

(5) Sfidate l'idea che siete solo un "povero, miserabile uomo" definito dal vostro corpo fisico. Riconoscete che possedete qualcosa che va oltre la vostra carne, che è migliore e che non deve essere trascurato.

(6) Evitare di allinearsi con qualità o comportamenti negativi associati alla parentela della carne, come l'essere infedeli, infidi, maliziosi, selvaggi o indomiti.

(7) Astenersi dall'impegnarsi in calunnie o dall'esibire un comportamento maligno, che viene paragonato alle azioni di una volpe o di altri animali miserabili e meschini.

(8) Fate uno sforzo consapevole per non diventare uno di questi esseri miserabili e sforzatevi invece di coltivare qualità e azioni positive.

CAPITOLO 4

— Di progresso o miglioramento

Nel perseguire il progresso e la felicità, bisogna innanzitutto comprendere gli insegnamenti dei filosofi riguardo al desiderio e all'avversione. Riconoscendo che la vera soddisfazione può essere raggiunta solo ottenendo i risultati desiderati ed evitando le circostanze indesiderate, si può eliminare il desiderio eccessivo e concentrarsi unicamente sul controllo della propria volontà. Questo processo implica che l'avversione sia diretta solo verso le cose che si possono controllare, poiché il tentativo di evitare i fattori esterni può portare all'infelicità. La virtù, che promette tranquillità e fortuna, è l'obiettivo finale e ogni progresso verso di essa è un progresso verso una vita soddisfacente. Tuttavia, è importante distinguere tra il progresso nella virtù e il progresso in altre aree della vita, poiché il primo porta a un vero miglioramento e alla tranquillità, mentre il secondo può fornire solo guadagni superficiali. La chiave del miglioramento sta nel gestire il desiderio e l'avversione, in modo da non rimanere delusi o ingannati. È quindi fondamentale concentrarsi sull'autodisciplina, sull'aderenza alla natura e sull'allineamento delle proprie azioni ai principi morali per ottenere un vero progresso.

L'importanza della virtù e del vero progresso

Colui che progredisce, avendo imparato dai filosofi che il desiderio significa il desiderio di cose buone e l'avversione significa l'avversione per le cose cattive; avendo anche imparato che la felicità e la tranquillità non possono essere raggiunte dall'uomo in nessun altro modo se non quello di non ottenere ciò che desidera e di non cadere in ciò che vorrebbe evitare; un tale uomo elimina completamente il desiderio da se stesso e lo rimanda, ma applica la sua avversione solo alle cose che dipendono dalla sua volontà. Perché se cerca di evitare qualcosa che sfugge al suo controllo, sa che a volte incontrerà qualcosa che desidera evitare e sarà infelice. Ora, se la virtù promette fortuna, tranquillità e felicità, allora certamente il progresso verso la virtù è un progresso verso ognuna di queste cose. È sempre vero che il progresso è un avvicinamento alla meta a cui ci conduce il perfezionamento di qualsiasi cosa.

Come ammettere allora che la virtù è tale, come ho detto, e tuttavia cercare il progresso in altre cose e farne sfoggio? Qual è il prodotto della virtù? La tranquillità. Chi è che fa i miglioramenti?

Ha letto molti libri di Crisippo? Tuttavia, la comprensione definisce la virtù?

Chrysippus? Se è così, il progresso consiste semplicemente nell'acquisire una conoscenza approfondita di Crisippo. Tuttavia, ora riconosciamo che la virtù produce solo una cosa, e affermiamo che avvicinarsi ad essa è una questione separata, cioè il progresso o il miglioramento. "Una persona del genere", dice qualcuno, "è già in grado di leggere Crisippo in modo indipendente". In verità, signore, lei sta facendo notevoli progressi. Che tipo di progresso? Ma perché ridicolizzate l'uomo? Perché distogliete la sua attenzione dalle sue disgrazie? Non gli dimostrerete l'impatto della virtù, in modo che possa imparare dove cercare di migliorare? Cerca lì, anima sfortunata, dove si trovano i tuoi sforzi. E dove si trovano i tuoi sforzi? Nel desiderio e nell'avversione, affinché non troviate delusione nei vostri desideri e non cadiate in ciò che volete evitare; nella ricerca e nell'evitamento, affinché evitiate di commettere errori; nel dare il consenso e nel rifiutare il consenso, affinché non siate ingannati. Le prime e più essenziali cose sono quelle che ho menzionato. Ma se, con paura e dolore, non vi sforzate di evitare ciò che detestate, ditemi, come state progredendo?

Mi mostrate poi i vostri miglioramenti in queste cose? Se parlassi con un atleta, gli direi: "Mostrami le spalle"; e lui potrebbe dire:

CAPITOLO 4 — Di progresso o miglioramento

"Ecco i miei manubri". Tu e i tuoi manubri guardate a questo. Dovrei rispondere: "Desidero vedere gli effetti dei manubri". Quindi, quando si dice: "Prendi il trattato sulle potenze attive e vedi come l'ho studiato", rispondo: "Schiavo, non sto indagando su questo, ma su come eserciti la ricerca e l'evitamento, il desiderio e l'avversione, su come progetti, intendi e ti prepari, se è conforme alla natura o meno. Se è in accordo, datene prova e io riconoscerò i vostri progressi. Ma se non è in accordo, andatevene e non solo spiegate i vostri libri, ma scriveteli voi stessi, e che cosa ne ricaverete? Non sai che l'intero libro costa solo cinque denari? Ti sembra allora che l'espositore valga più di cinque denari? Perciò non cercate mai la materia stessa in un luogo e il progresso verso di essa in un altro". Dov'è dunque il progresso? Se uno di voi, allontanandosi dalle cose esteriori, si concentra sulla propria volontà per esercitarla e migliorarla attraverso un duro lavoro, al fine di renderla in linea con la natura, elevata, libera, senza restrizioni, senza impedimenti, leale e umile; e se ha imparato che chi desidera o evita le cose che non sono sotto il suo controllo non può essere né leale né libero, ma deve invece cambiare con esse ed essere sballottato da esse come in una tempesta, e deve necessariamente sottomettersi ad altri che hanno il potere di ottenere o impedire ciò che desidera o vuole evitare; infine, quando si sveglia al mattino, se segue e si attiene a questi principi, si lava come una persona fedele, mangia come una persona umile; allo stesso modo, se in ogni situazione che si presenta, elabora i suoi principi fondamentali come un corridore fa con la corsa e un istruttore vocale fa con la voce. Questa è la persona che fa veramente progressi, e questa è la persona che non ha viaggiato invano. Ma se si è sforzato di leggere libri e si affanna solo in questo, e ha viaggiato per questo motivo, gli dico di tornare immediatamente a casa e di non trascurare i suoi affari lì; per questo motivo, il suo viaggio non ha senso. Ma l'altra cosa, studiare come una persona possa liberare la sua vita da lamenti e gemiti, e dire: "Guai a me", e "Sono infelice", e anche liberarla da disgrazie e delusioni, e imparare cosa sono la morte, l'esilio e la prigione, in modo che possa dire quando è in catene: "Caro Crito, se è la volontà degli dei, che sia così"; e non dire: "Sono infelice, un vecchio; ho conservato i miei capelli grigi per questo?". Chi dice questo? Pensate che nominerò una persona di scarsa reputazione e di basso rango? Non lo dice forse Priamo? Non lo dice forse Edipo? In realtà, lo dicono tutti i re! Perché cos'altro è la tragedia se non il turbamento di uomini che apprezzano le cose esteriori, rappresentato in questo tipo di poesia? Ma se una persona deve imparare attraverso la finzione che le cose esterne indipendenti dalla volontà non ci riguardano, per questa parte, vorrei questa finzione, attraverso la quale potrei vivere felicemente e indisturbato. Ma dovete decidere voi stessi cosa desiderate.

Cosa ci insegna Crisippo? La risposta è capire che non sono false queste cose, da cui derivano la felicità e la tranquillità. Prendete i miei libri e scoprirete quanto siano vere e conformi alla natura le cose che mi liberano dai disturbi. Oh, che fortuna straordinaria! Oh, il grande benefattore che ci mostra la strada! A Triptolemo tutti gli uomini hanno costruito templi e altari perché ci ha fornito il cibo attraverso la coltivazione. Ma per colui che ha scoperto la verità, l'ha portata alla luce e l'ha condivisa con tutti - non la verità che ci insegna come vivere, ma come vivere bene - qualcuno tra voi ha forse costruito un altare, un tempio o dedicato una statua? Qualcuno adora Dio per questo motivo? Facciamo sacrifici agli dei perché ci hanno dato vino e grano, ma non ringrazieremo Dio per aver prodotto nella mente umana il frutto che doveva rivelare la verità sulla felicità?

> **Dalla lezione...**
>
> Concentratevi sul miglioramento della vostra volontà e dei vostri desideri, allineandoli con la natura e dando priorità alla crescita interna rispetto ai risultati o alle conoscenze esterne.

> *All'azione!*
>
> (1) Imparate dai filosofi che per desiderio si intende il desiderio di cose buone, mentre per avversione si intende l'avversione per le cose cattive.
> (2) Riconoscere che la felicità e la tranquillità si possono ottenere solo non mancando di ottenere ciò che si desidera ed evitando ciò che si vuole evitare.
> (3) Eliminate del tutto il desiderio e rinviatelo, usando l'avversione solo per le cose che dipendono dalla vostra volontà.

(4) Comprendete che il progresso verso la virtù è un progresso verso la fortuna, la tranquillità e la felicità.

(5) Concentrarsi sul miglioramento del desiderio e dell'avversione, della ricerca e dell'evitamento, dell'assenso e della sospensione dell'assenso per evitare delusioni e inganni.

(6) Assicuratevi di esercitare la vostra volontà e di migliorarla rendendola conforme alla natura, elevata, libera e senza vincoli.

(7) Riconoscere che il progresso non si misura semplicemente leggendo libri o acquisendo conoscenze, ma applicando e praticando i principi nella vita quotidiana.

(8) Sforzatevi di liberare la vostra vita da lamenti, gemiti e disgrazie e imparate ad accettare e a fare pace con la morte, l'esilio, la prigione e il veleno.

(9) Comprendere che le cose esterne indipendenti dalla volontà non ci riguardano veramente e concentrarsi su ciò che porta felicità e tranquillità.

(10) Apprezzate gli insegnamenti di filosofi come Crisippo, ma ricordate che il vero valore sta nella conoscenza di come vivere bene, non solo nell'acquisizione della conoscenza stessa.

(11) Considerate la possibilità di costruire altari, templi o statue, o di adorare Dio per la scoperta e la comunicazione della verità che riguarda la felicità.

CAPITOLO 5

— Contro gli accademici

In un mondo in cui l'opposizione a verità innegabili può ostacolare il progresso, Epitteto solleva una questione importante: come possiamo convincere coloro che rimangono ostinati anche di fronte a prove inconfutabili? Egli afferma che questa sfida non deriva dalla forza dell'opposizione, ma piuttosto dall'indurimento della comprensione e dalla mancanza di vergogna. Molti temono il disagio fisico, ma prestano poca attenzione alla mortificazione dell'anima. Mentre alcuni individui possono essere incapaci di comprendere, altri scelgono consapevolmente di ignorare o resistere alla verità, sprofondando sempre più in uno stato di apatia o addirittura di decadenza morale. In questa esplorazione della natura umana, Epitteto ci invita a esaminare le conseguenze di tale resistenza, facendo luce sui pericoli di una coscienza spenta e di un senso di integrità personale indebolito.

L'importanza della persuasione e dell'apertura mentale

Se un uomo si oppone a verità evidenti, diceva Epitteto, non è facile trovare argomenti che gli facciano cambiare opinione. Tuttavia, questa sfida non deriva dalla forza dell'uomo o dalla debolezza del maestro. Quando un uomo rimane ostinato anche dopo essere stato smentito, diventa difficile convincerlo con le argomentazioni. Esistono due tipi di indurimento: l'indurimento della mente e l'indurimento del senso di vergogna. Alcuni individui rifiutano di accettare ciò che è ovvio e si ostinano a contraddirsi.

CAPITOLO 5 — Contro gli accademici

Mentre la maggior parte di noi teme l'umiliazione fisica e si adopera per evitarla, non tiene conto dell'umiliazione della propria anima. Infatti, quando si parla di anima, se una persona manca di comprensione e di percezione, la consideriamo in uno stato negativo. Se invece il senso di vergogna e di pudore viene meno, lo percepiamo come una dimostrazione di potere.

Capisce di essere sveglio? "Non lo capisco", risponde l'uomo, "perché non mi rendo conto nemmeno quando sto sognando di credere di essere sveglio". Questa percezione non differisce quindi dalle altre? "Per niente", risponde. Dovrei comunque discutere con quest'uomo? E quale metodo o forza dovrei usare per fargli sentire che è insensibile? Lui percepisce, ma fa finta di non percepire. È ancora peggio di una persona senza vita. Non vede la contraddizione: è in uno stato terribile. Un'altra persona lo vede, ma è impassibile e non mostra alcun miglioramento: è addirittura in una condizione peggiore. Il loro pudore è sradicato, così come il loro senso di vergogna, e la loro razionalità non gli è stata tolta, ma è stata disumanizzata. Dovrei chiamare questo perseveranza? Sicuramente no, a meno che non la chiamiamo così anche negli uomini effeminati, che fanno e dicono quello che vogliono in pubblico.

Dalla lezione...

Affrontate le verità evidenti e non indurite la vostra comprensione o il vostro senso di vergogna, perché così facendo vi porterete solo in una condizione di cattiva salute e peggio di un uomo morto.

All'azione!

(1) Riconoscere che non è facile cambiare l'opinione di qualcuno quando si oppone a verità evidenti.
(2) Capire che questa difficoltà non è dovuta alla forza della persona o alla debolezza dell'insegnante.
(3) Riconoscere che alcune persone induriscono la loro comprensione e il loro senso di vergogna, rifiutando di accettare ciò che è evidente o di smettere di contraddirsi.
(4) Riflettete sul fatto che molte persone temono la mortificazione fisica, ma trascurano la mortificazione dell'anima.

(5) Considerate che quando una persona non è in grado di comprendere o capire qualcosa, significa uno stato negativo per l'anima.
(6) Rendetevi conto che se il senso di vergogna e il pudore di qualcuno vengono annullati, ciò viene considerato una forma di potere.
(7) Mettete in dubbio la validità di discutere con qualcuno che afferma di non comprendere nemmeno quando è sveglio.
(8) Comprendete che la percezione di questa persona è diversa da quella degli altri e che essa stessa potrebbe non riconoscere la differenza.
(9) Riflettere sui limiti del ragionamento con chi nega la propria percezione.
(10) Esplorare approcci alternativi, come applicare il fuoco o il ferro come metafore, per aiutare qualcuno a riconoscere il proprio stato di morte.
(11) Identificare l'individuo che è consapevole della contraddizione, ma che rimane immobile e stagnante, come se fosse in una condizione peggiore.
(12) Riconoscere che il pudore e il senso di vergogna della persona sono stati sradicati e la sua facoltà razionale è stata degradata.
(13) Considerate le implicazioni di un tale stato sulla forza d'animo e sulla razionalità dell'individuo.

CAPITOLO 6

— Della provvidenza

Siamo testimoni della profonda interconnessione del mondo, dove l'intricato disegno della creazione si dispiega con scopo e ingegno. In questo arazzo dell'esistenza, la Provvidenza si rivela a coloro che possiedono un occhio attento e un cuore riconoscente. All'interno del grande disegno, la facoltà visiva si fonde senza soluzione di continuità con le vibranti tonalità della vita, invitando a contemplare il lavoro di un potere superiore. Mentre navighiamo nel regno delle esperienze sensoriali, la nostra comprensione modella e trasforma le impressioni, rivelando scorci dell'arte divina che ci circonda. Trascendendo il mero soddisfacimento dei bisogni istintuali, l'umanità è chiamata ad abbracciare una vocazione più alta: essere non solo osservatori, ma interpreti delle meraviglie che si dispiegano davanti a noi. Non lasciamo quindi che l'esistenza vada passivamente alla deriva, ma intraprendiamo una ricerca della vera illuminazione, perché in questa ricerca risiede lo scopo e il compimento del nostro essere.

Il potere della percezione e della gratitudine

Da tutto ciò che esiste o accade nel mondo è facile lodare la Provvidenza, a condizione che una persona possieda due qualità: la capacità di percepire ciò che riguarda tutti gli individui e le cose e una disposizione riconoscente. Senza queste qualità, una persona può non riconoscere lo scopo e l'accadimento delle cose, mentre un'altra può non apprezzarle anche se ne è consapevole. Se Dio avesse creato

CAPITOLO 6 — Della provvidenza

i colori ma non la capacità di vederli, quale sarebbe il loro scopo? Nessuno. Allo stesso modo, se avesse concesso la facoltà di vedere ma non avesse creato oggetti che possono essere percepiti, a cosa servirebbe? A nulla. Ora, supponiamo che Egli abbia creato entrambe le cose, ma non ci abbia dato la luce. In questo caso, sarebbero ancora inutili. Allora, chi è responsabile della corrispondenza tra una cosa e l'altra? Chi ha collegato il coltello con la sua custodia? Nessuno? In effetti, quando osserviamo l'intricato disegno delle cose compiute, deduciamo che sono state realizzate da un artigiano e non costruite a casaccio. Le cose visibili, la facoltà della vista e la luce non dimostrano forse questo artefice? L'esistenza del maschio e della femmina, il loro desiderio di unione e la loro capacità di utilizzare le rispettive parti non rivelano forse anche l'artefice? Se no, contempliamo la nostra comprensione, attraverso la quale non solo riceviamo impressioni dagli oggetti sensibili, ma anche selezioniamo, sottraiamo, aggiungiamo e combiniamo elementi da essi per creare qualcosa di simile. Questo non dovrebbe essere sufficiente per stimolare alcuni individui e impedire loro di trascurare l'operaio? Se così non fosse, dovrebbero spiegarci come si crea ogni singola cosa o come sia possibile che creazioni così meravigliose, simili ai dispositivi dell'arte, esistano solo per caso o per moto proprio.

Quali sono, dunque, queste cose che si fanno solo in noi? Molte, in effetti, sono fatte solo in noi, di cui l'animale razionale aveva un bisogno particolare. Tuttavia, troverete molti punti in comune tra noi e gli animali irrazionali. Capiscono ciò che viene fatto? Assolutamente no. L'uso è una cosa, la comprensione è un'altra. Dio aveva bisogno degli animali irrazionali per usare le apparenze, ma aveva bisogno di noi per capire l'uso delle apparenze. Quindi, per loro è sufficiente mangiare, bere, dormire, copulare e fare tutte le altre cose che fanno. Ma per noi, a cui ha dato anche la facoltà, queste cose non sono sufficienti. Se non agiamo in modo corretto e ordinato, secondo la natura e la costituzione di ogni cosa, non raggiungeremo mai il nostro vero fine. Le diverse costituzioni degli esseri viventi portano ad atti e fini diversi. In quegli animali la cui costituzione è adatta solo all'uso, l'uso da solo è sufficiente. Ma in un animale che ha anche il potere di comprendere l'uso, senza il corretto esercizio della comprensione, non raggiungerà mai il suo fine. Ebbene, Dio ha assegnato a ogni animale uno scopo: uno per essere mangiato, un altro per l'agricoltura, un altro per produrre formaggio e un altro ancora per un uso simile. Per questi scopi, che bisogno c'è di capire le apparenze e di saperle distinguere? Tuttavia, Dio ha fatto dell'uomo uno spettatore di se stesso e delle sue opere, non solo uno spettatore ma anche un interprete. Perciò è vergognoso che l'uomo inizi e finisca dove iniziano gli animali irrazionali. L'uomo dovrebbe invece iniziare dove iniziano loro e finire dove finisce la natura in noi - contemplazione e comprensione - in uno stile di vita che si allinei con la natura. Quindi, attenzione a non morire senza aver assistito a queste cose.

Ma se fate un viaggio fino a Olimpia per vedere le opere di Fidia, tutti voi pensate che sarebbe una disgrazia morire senza aver visto queste cose. Tuttavia, quando non c'è bisogno di viaggiare e vi trovate già in un luogo dove avete le opere di Dio davanti a voi, non desiderereste forse vederle e comprenderle? Non percepireste chi siete, o per cosa siete nati, o cos'è questa vita per la quale vi è stato dato il dono della vista? So che potreste dire: "Ci sono cose spiacevoli e fastidiose nella vita". Ma non ce ne sono a Olimpia? Non siete bruciati dal sole? Non siete affollati di gente? Non vi mancano strutture balneari confortevoli? Non vi bagnate quando piove? Non si sente eccessivo rumore, clamore e altre cose sgradevoli? Tuttavia, presumo che, vista la grandezza dello spettacolo, siate disposti a sopportare e a tollerare tutte queste cose.

Ebbene, non avete forse ricevuto le facoltà grazie alle quali sarete in grado di sopportare tutto ciò che accade? Non avete ricevuto la grandezza d'animo? Non avete ricevuto la virilità? Non avete ricevuto la resistenza? E perché mi preoccupo di tutto ciò che può accadere se possiedo la grandezza d'animo? Che cosa può distrarre la mia mente o disturbarmi, o apparire doloroso? Non dovrei usare il potere per gli scopi per i quali l'ho ricevuto, e dovrei affliggermi e lamentarmi per ciò che accade?

Sì, ma mi cola il naso. Allora, schiavo, a cosa servono le tue mani? Non è forse per pulirti il naso? È ragionevole, dunque, che al mondo ci sia il naso che cola? No, è molto meglio pulirsi il naso che trovare difetti. Riuscite a immaginare cosa sarebbe stato Ercole se non ci fossero stati leoni, idre, cervi, cinghiali e uomini ingiusti e bestiali da scacciare? Cosa avrebbe fatto se non ci fossero state queste sfide? Chiaramente, si sarebbe avvolto su se stesso e avrebbe dormito. In primo luogo, non sarebbe stato Ercole se avesse trascorso la sua vita sognando nel lusso e nell'agio. E anche se fosse stato Ercole, che senso avrebbe avuto? A cosa sarebbero servite le sue braccia, la sua forza, la sua resistenza e il suo spirito nobile se le circostanze non lo avessero svegliato e messo alla prova? Quindi, un uomo dovrebbe dotarsi di leoni, cinghiali e idre per esercitarsi? Sarebbe sciocco e folle. Ma poiché esistevano e si trovavano, erano utili per mostrare chi era Ercole e per metterlo alla prova.

Su, allora, anche tu, dopo aver osservato queste cose, guarda le facoltà che hai e, dopo averle guardate, di': "Porta ora, o Zeus, qualsiasi difficoltà che ti piaccia, perché ho mezzi che mi hai dato tu e poteri per onorarmi attraverso le cose che accadono". Voi non fate così, ma ve ne state seduti, tremando per paura che alcune cose accadano, e piangendo, lamentandovi e gemendo per ciò che accade; e poi incolpate gli dèi. Infatti, qual è la conseguenza di una tale meschinità di spirito se non l'empietà? Eppure, Dio non solo ci ha dato queste facoltà grazie alle quali saremo in grado di sopportare tutto ciò che accade senza esserne depressi o abbattuti; ma, come un buon re e un vero padre, ci ha dato queste facoltà libere da ostacoli, non soggette a costrizione, senza impedimenti, e le ha messe interamente in nostro potere, senza nemmeno aver riservato a sé alcun potere di ostacolare o impedire. Voi, che avete ricevuto questi poteri liberamente e come vostri, non li usate; non vedete nemmeno cosa avete ricevuto e da chi; alcuni di voi sono ciechi nei confronti di chi li ha dati e non riconoscono nemmeno il loro benefattore, mentre altri, per meschinità d'animo, ricorrono all'individuazione delle colpe e alle accuse contro Dio. Tuttavia, vi dimostrerò che avete poteri e mezzi per la grandezza d'animo e la virilità, ma quali poteri avete per trovare difetti e fare accuse, mostratemelo.

Dalla lezione...

Abbracciate e apprezzate i talenti e le benedizioni che avete, riconoscete il significato e lo splendore di ogni aspetto della vita e utilizzate il vostro potere innato e la vostra resilienza per affrontare le sfide con coraggio e riconoscenza.

All'azione!

(1) Coltivare la capacità di vedere ciò che appartiene e accade a tutte le persone e le cose.
(2) Sviluppare una disposizione d'animo grato e praticare la gratitudine per le cose che accadono.
(3) Riconoscere lo scopo e l'uso delle cose nel mondo.
(4) Riconoscere l'esistenza di un potere superiore o di un creatore divino.
(5) Comprendete che le cose visibili, la facoltà di vedere e la luce dimostrano l'opera di un creatore.
(6) Riflettere sul disegno e sullo scopo del maschio e della femmina, nonché sul loro desiderio di congiunzione.
(7) Utilizzare le facoltà di comprensione e di selezione delle impressioni dagli oggetti sensibili.
(8) Non dimenticate l'operaio che sta dietro alle creazioni e ai fenomeni del mondo.
(9) Riconoscere che esistono bisogni comuni tra gli esseri umani e gli animali irrazionali, ma anche comprendere l'importanza del potere della comprensione negli esseri umani.
(10) Agire in maniera corretta e ordinata, conformandosi alla natura e alla costituzione di ogni cosa, per raggiungere il nostro vero fine.
(11) Non accontentatevi di una vita simile a quella degli animali irrazionali, ma cercate di raggiungere uno scopo più elevato attraverso la contemplazione e la comprensione.
(12) Cercare di capire cosa siamo, per cosa siamo nati e lo scopo della nostra facoltà visiva.
(13) Esercitare le facoltà e i poteri dati da Dio per sopportare e sopportare tutto ciò che accade.
(14) Concentrarsi sull'uso dei nostri poteri per gli scopi per cui li abbiamo ricevuti, piuttosto che lamentarsi o trovare difetti.
(15) Riconoscere che le difficoltà e le sfide possono servire a esercitare e sviluppare le nostre facoltà e i nostri poteri.
(16) Confidare nelle facoltà e nei poteri che Dio ci ha dato per onorare noi stessi attraverso le cose che accadono.

CAPITOLO 6 — Della provvidenza

(17) Evitate di deprimervi o di sentirvi distrutti dalle cose che accadono e vedetele invece come opportunità di crescita e di sviluppo.

(18) Riconoscere e apprezzare la generosità e la benevolenza di Dio nel darci queste facoltà e questi poteri.

(19) Assumersi la responsabilità di usare efficacemente le nostre facoltà e i nostri poteri, che sono interamente sotto il nostro controllo.

(20) Cercate la grandezza d'animo e la virilità, piuttosto che soccombere alla meschinità di spirito e alla ricerca di colpe.

(21) Riconoscere l'empietà di incolpare gli dèi per la nostra meschinità di spirito e la mancanza di apprezzamento per le facoltà e i poteri che ci sono stati dati.

CAPITOLO 7

— Dell'uso di argomenti sofistici, ipotetici e simili

Nell'ambito dell'argomentazione, la gestione degli argomenti sofistici e ipotetici, così come di quelli derivati dalle domande, ha un grande significato nella nostra vita quotidiana, anche se molti non sono consapevoli di questa verità. Ogni questione che incontriamo ci spinge a cercare la saggezza e la guida di persone virtuose per scoprire il percorso e il metodo corretto per affrontarla. Per questo motivo, è indispensabile riconoscere che una persona seria dovrebbe astenersi dall'impegnarsi nella gara di domande e risposte o, se vi partecipa, deve procedere con cautela ed evitare di agire in modo affrettato o incauto. Tuttavia, se nessuna di queste due opzioni è consentita, si deve ammettere che è necessaria un'indagine sugli argomenti comunemente utilizzati nelle domande e nelle risposte. Lo scopo ultimo del ragionamento, dopo tutto, è quello di stabilire la verità, rifiutare le falsità e rifiutare l'assenso a proposizioni che non sono chiare. Ma è sufficiente capire solo questo? No, sono necessarie ulteriori conoscenze e abilità per navigare efficacemente nelle complessità del ragionamento e distinguere tra affermazioni vere e false. Bisogna anche avere la capacità di discernere le conseguenze valide e di capire la relazione tra le diverse componenti di un'argomentazione. Per evitare di essere ingannati da sofisti che potrebbero sfruttare ragionamenti fallaci, diventa essenziale immergersi nella pratica e nell'esercizio di argomentazioni e figure conclusive. In alcune situazioni, nonostante la corretta concessione di presupposti o premesse, si può arrivare a un risultato non veritiero. Di fronte a questi casi, ci si può chiedere se ammettere la falsità, ma tale ammissione si rivela impossibile. L'alternativa, allora, è riconoscere che la conseguenza non deriva dalle premesse date. Questo, tuttavia, presenta le sue sfide: dobbiamo valutare attentamente se le premesse rimangono coerenti nel loro insieme e, in caso contrario, dovremmo ritrattare la nostra concessione iniziale e rifiutare di accettare le conclusioni che non seguono logicamente dal nostro precedente accordo. È attraverso questo processo di esame e discernimento che raggiungeremo una comprensione più profonda dell'argomentazione e della sua essenzialità nella nostra vita.

L'importanza di ragionare e interrogare con competenza

La gestione delle argomentazioni sofistiche e ipotetiche, così come quelle derivate dalle domande, e in sostanza la gestione di tutte queste argomentazioni, sono rilevanti per le responsabilità della vita, anche se molti non sono consapevoli di questa verità. In ogni questione, cerchiamo di capire come l'individuo saggio e buono scoprirà il percorso corretto e l'approccio appropriato per affrontare la questione. Pertanto, le persone dovrebbero riconoscere che una persona seria non si impegnerà nella gara di domande e risposte, oppure che, se parteciperà, farà molta attenzione a non comportarsi in modo avventato o incauto. Tuttavia, se non ammette nessuna delle due possibilità, deve ammettere che è necessario condurre un'indagine sugli argomenti in cui le domande e le risposte sono particolarmente utilizzate. Dopo tutto, qual è l'obiettivo finale del ragionamento?

Stabilire le proposizioni vere, eliminare quelle false e rifiutare l'assenso a quelle che non sono chiare. È sufficiente allora aver imparato solo questo? "È sufficiente", si potrebbe rispondere. Allora è sufficiente anche che una persona che voglia evitare di sbagliare nell'uso di denaro falso abbia ascoltato l'istruzione di accettare le monete autentiche e rifiutare quelle false? "Non è sufficiente". Quindi, cos'altro si dovrebbe aggiungere a questa istruzione?

CAPITOLO 7 — Dell'uso di argomenti sofistici, ipotetici e simili

Cos'altro se non la capacità di provare e distinguere tra monete autentiche e false? Anche nel ragionamento, quindi, quanto detto non è sufficiente, ma è necessario che una persona acquisisca la capacità di...

È necessario esaminare e distinguere il vero dal falso, così come ciò che non è chiaro. Oltre a questo, cosa si propone il ragionamento? Si propone di accettare ciò che segue logicamente da ciò che si è già concesso. Tuttavia, è sufficiente sapere questo? No, non è sufficiente. Una persona deve anche imparare come una cosa sia una conseguenza di altre cose, e quando qualcosa segue da un singolo fattore o da più fattori combinati. Perciò, se uno intende eccellere nel ragionamento, deve acquisire la capacità di dimostrare le varie cose che ha proposto, e deve anche possedere la capacità di comprendere le dimostrazioni presentate dagli altri, senza farsi ingannare dai sofisti che possono cercare di spacciare per dimostrazioni argomenti fallaci. Di conseguenza, tra di noi si ritiene necessario l'esercizio e la pratica dell'uso di argomentazioni conclusive e di figure logiche.

Ma in realtà, in alcuni casi, abbiamo concesso correttamente le premesse o le assunzioni, e da esse risulta qualcosa. E anche se non è vero, tuttavia ne risulta. Che cosa devo fare allora? Devo ammettere la falsità? E come è possibile? Dovrei dire che non ho concesso correttamente ciò che avevamo concordato? "Ma non ti è permesso fare nemmeno questo". Dovrei allora dire che la conseguenza non deriva da ciò che è stato concesso? "Ma non è permesso nemmeno questo". Che cosa si deve fare in questo caso? Considerate se non è questo: il fatto di aver preso in prestito non è sufficiente a rendere un uomo ancora debitore, ma a questo si deve aggiungere il fatto che continua a essere debitore e che il debito non viene pagato. Quindi non basta costringervi ad ammettere la deduzione che avete concesso le premesse, ma dovete attenervi a ciò che avete concesso.

Infatti, se le premesse rimangono invariate rispetto a quando sono state concesse, è necessario attenersi a ciò che si è concesso e accettare le conseguenze che ne derivano. Tuttavia, se le premesse non sono più vere, è necessario anche ritrattare ciò che abbiamo concesso e rifiutare le conclusioni che non derivano dalle affermazioni originali.

CAPITOLO 7 — Dell'uso di argomenti sofistici, ipotetici e simili

L'inferenza non è più nostra e non possiamo essere d'accordo con essa dal momento che ci siamo allontanati dalle premesse originali. Per questo motivo, dobbiamo esaminare i vari tipi di premesse e i cambiamenti che subiscono durante la domanda, la risposta o la formazione della conclusione sillogistica. Questo esame è importante per evitare confusione e ragionamenti impropri.

Lo stesso vale per le ipotesi e gli argomenti ipotetici; a volte è necessario richiedere l'accettazione di un'ipotesi per procedere con l'argomento. Dobbiamo allora accettare tutte le ipotesi proposte o dobbiamo rifiutarne alcune? E se non tutte le ipotesi, quali dovremmo accettare? E se una persona ha accettato un'ipotesi, deve sempre attenersi ad essa? O dovrebbe occasionalmente ritirarsi da essa, accettandone comunque le conseguenze e non ammettendo contraddizioni? Sì, ma cosa succede se qualcuno dice: "Se accetti la possibilità di un'ipotesi, ti condurrò a un'impossibilità". Una persona sensata dovrebbe rifiutare di impegnarsi in un dibattito con un tale individuo ed evitare di discutere con lui? Ma chi, oltre a una persona sensata, è in grado di usare il ragionamento logico ed è abile nel domandare e nel rispondere, ed è immune dall'essere ingannato da falsi argomenti? E se una persona sensata entra in un dibattito, non dovrebbe essere cauta nel non impegnarsi in modo sconsiderato o incauto? E se non è cauta, come può essere il tipo di persona che immaginiamo? Ma possono sostenere un'argomentazione coerente e consistente senza un po' di pratica e di preparazione? Se lo dimostrano, tutte queste speculazioni diventano inutili, assurde e incoerenti con la nostra idea di individuo virtuoso e riflessivo.

Perché siamo ancora pigri, negligenti e improduttivi? Perché troviamo continuamente scuse per evitare il lavoro e trascurare lo sviluppo del nostro intelletto? "Se commetto un errore in queste cose, sarebbe come se avessi ucciso mio padre?". Schiavo, in questa situazione non c'era nessun padre da uccidere. Quindi cosa hai fatto di male? L'unico errore che potrebbe essere stato commesso è quello che hai commesso tu. Questo è esattamente ciò che ho detto a Rufus quando mi ha criticato per non aver scoperto l'unica cosa mancante in un certo sillogismo: "Suppongo", dissi, "di aver bruciato il Campidoglio". "Schiavo", rispose, "la cosa che mancava qui era

CAPITOLO 7 — Dell'uso di argomenti sofistici, ipotetici e simili

davvero il Campidoglio?". Bruciare il Campidoglio e uccidere tuo padre sono gli unici crimini che esistono? Ma non è forse un errore anche quello di usare in modo incurante, sciocco e disattento le impressioni che gli vengono presentate? Non capire il ragionamento, la dimostrazione o il sofisma? Non riconoscere in una domanda e nella sua risposta ciò che è coerente con ciò che è stato stabilito o ciò che è incoerente? Non c'è forse un errore in questo?

> **Dalla lezione...**
>
> Acquisire la capacità di distinguere tra verità e falsità, comprendere le implicazioni e non cadere nell'inganno dei sofisti.

> **All'azione!**
>
> (1) Riconoscere l'importanza di gestire argomenti sofistici e ipotetici nella vita quotidiana.
> (2) Acquisire le competenze necessarie per gestire efficacemente le domande e le risposte.
> (3) Comprendere il metodo corretto per affrontare diversi tipi di argomenti.
> (4) Indagare sugli argomenti su cui vengono utilizzate le domande e le risposte.
> (5) Mirate a stabilire proposizioni vere, a eliminare quelle false e a negare l'assenso a quelle che non sono chiare.
> (6) Andare oltre il semplice apprendimento dei principi di base e sviluppare la capacità di esaminare e distinguere tra proposizioni vere e false.
> (7) Capire come una cosa sia una conseguenza di altre cose e identificare quando qualcosa segue da una singola premessa o da più premesse.
> (8) Acquisire la capacità di dimostrare le proprie proposizioni e di comprendere le dimostrazioni degli altri, compresa la capacità di distinguere tra ragionamento autentico e sofismi.
> (9) Impegnarsi nella pratica e nell'esercizio di argomentazioni e cifre conclusive.
> (10) Attenersi a quanto concesso nelle premesse durante l'intero processo di ragionamento.

CAPITOLO 7 — Dell'uso di argomenti sofistici, ipotetici e simili

(11) Essere consapevoli di eventuali cambiamenti o variazioni che possono verificarsi nei locali durante l'interrogazione o la risposta, e rispondere efficacemente ad essi.

(12) Valutare correttamente e ammettere o escludere ipotesi in argomenti ipotetici.

(13) Ritirarsi da un'ipotesi quando è necessario, ma accettarne le conseguenze ed evitare le contraddizioni.

(14) Esercitate cautela e attenzione nell'argomentare, assicurandovi di non essere avventati o imprudenti.

(15) Coltivate la ragione con diligenza, attenzione e lavorando attivamente per migliorare le capacità di ragionamento.

(16) Evitate di usare le apparenze o di affidarvi ad esse ciecamente, ma cercate invece una comprensione più profonda dell'argomentazione, della dimostrazione e del sofisma.

(17) Riconoscere il potenziale di errore nell'uso improprio del ragionamento e cercare di evitarlo.

CAPITOLO 8

— Che le facoltà non sono sicure per chi non è istruito

Imparate l'arte di cambiare argomenti ed entimemi con maestria, perché è un'abilità che si addice molto al filosofo. Modificando gli elementi e le forme equivalenti, il filosofo che è esperto nel sillogismo perfetto potrà navigare senza sforzo in quello imperfetto. Tuttavia, qualcuno potrebbe chiedersi perché non ci impegniamo in questi esercizi e discussioni. La risposta non sta solo nel fatto che le nostre attuali attività non fanno progredire la nostra virtù, ma anche nei pericoli che possono accompagnare tale padronanza. Il potere dell'argomentazione persuasiva, se abbinato al linguaggio e alla pratica frequente, può instillare arroganza e presunzione. Nell'esplorare il regno della filosofia, dobbiamo muoverci con cautela, comprendendo che queste abilità possono migliorare la nostra comprensione, ma non devono diventare la misura del nostro valore.

L'importanza dell'argomentazione qualificata in filosofia

Nello stesso modo in cui possiamo modificare le cose che sono equivalenti tra loro, possiamo anche modificare le forme degli argomenti e degli entimemi nell'argomentazione. Per illustrare questo aspetto, consideriamo il seguente esempio: "Se hai preso in prestito del denaro ma non l'hai restituito, allora sei in debito con me; tuttavia, se non hai preso in prestito nulla e non hai restituito nulla, allora non mi devi alcun denaro". La capacità di eseguire questa

CAPITOLO 8 — Che le facoltà non sono sicure per chi non è istruito

operazione con abilità è particolarmente adatta ai filosofi, poiché l'entimema è essenzialmente un sillogismo imperfetto. Di conseguenza, chi ha affinato le proprie capacità di costruire sillogismi perfetti eccellerà anche nella creazione di sillogismi imperfetti.

Perché, allora, non esercitiamo noi stessi e gli altri in questo modo? Perché, rispondo, attualmente, anche se non siamo impegnati in queste attività e non siamo distratti dallo studio della morale, almeno da me, non facciamo comunque alcun progresso nella virtù. Quindi, cosa dovremmo aspettarci se aggiungessimo questa occupazione? Soprattutto perché non solo ci distoglierebbe da questioni più essenziali, ma ci porterebbe anche alla presunzione e all'arroganza, cosa non da poco. Il potere dell'argomentazione e della persuasione è grande, soprattutto se viene esercitato ampiamente e potenziato da un linguaggio eloquente. Pertanto, ogni abilità acquisita da chi non è allenato e debole comporta il pericolo che diventi orgoglioso e gonfio. Come si può convincere un giovane che eccelle in questi campi che non deve diventare subordinato a loro, ma piuttosto renderli subordinati a se stesso? Non è forse lui a respingere ogni ragionamento e a pavoneggiarsi con arroganza davanti a noi, rifiutando di accettare qualsiasi critica o richiamo alla sua negligenza e alla sua deviazione dalla retta via?

Perché, allora, Platone non era un filosofo?". Rispondo: "E Ippocrate non era un medico? Ma si vede come Ippocrate parla". Allora, Ippocrate parla così perché è un medico? Perché si mescolano cose che sono state accidentalmente combinate nelle stesse persone? E se Platone era bello e forte, dovrei anche sforzarmi di diventare bello o forte, come se questo fosse necessario per la filosofia solo perché un certo filosofo era bello e filosofo? Non preferireste vedere e distinguere ciò che fa di una persona un filosofo e quali altre cose possiede? E se io fossi un filosofo, anche tu dovresti essere reso zoppo? E allora? Ti sto togliendo le capacità che possiedi? Assolutamente no, perché non ti sto togliendo la capacità di vedere. Ma se mi chiedete che cos'è il bene nell'uomo, non posso dire altro se non che è una certa disposizione della volontà verso le apparenze.

CAPITOLO 8 — Che le facoltà non sono sicure per chi non è istruito

> **Dalla lezione...**
>
> Esercitatevi nell'argomentazione e nella persuasione, ma rimanete sempre umili e fondati nella virtù.

All'azione!

(1) Esplorare diversi modi per modificare le forme degli argomenti e degli entimemi nell'argomentazione.
(2) Sviluppare le capacità di costruire e decostruire sillogismi imperfetti.
(3) Esaminare le ragioni per cui non si esercitano e non si praticano più frequentemente queste abilità argomentative.
(4) Considerate l'impatto potenziale dell'aggiunta dell'argomentazione come occupazione o attività regolare.
(5) Riflettere sui pericoli di diventare presuntuosi e arroganti grazie alla capacità di argomentare e persuadere.
(6) Riconoscere che l'acquisizione di abilità nell'argomentazione può essere fonte di orgoglio e può portare a trascurare altri aspetti importanti della vita.
(7) Mettere in discussione la necessità di associare attributi fisici o qualità non correlate all'essere filosofo.
(8) Capire che individui diversi possono eccellere in aree diverse, indipendentemente dalla professione scelta.
(9) Distinguere tra le qualità o le abilità richieste per la filosofia e quelle che possono essere casuali o non correlate.
(10) Incoraggiare l'autoriflessione per identificare la vera natura e lo scopo dell'essere filosofo.
(11) Sottolineare l'importanza dello sviluppo personale e della crescita in filosofia, piuttosto che il confronto con gli altri.
(12) Riconoscere che ognuno possiede facoltà e abilità diverse e che queste non devono essere tolte o svalutate.
(13) Considerare il bene dell'uomo come una particolare disposizione della volontà verso le apparenze.

CAPITOLO 9

— Come dal fatto che siamo affini a Dio una persona può procedere alle conseguenze

Quando si esplora il profondo legame tra Dio e l'uomo, è essenziale esaminare le azioni di Socrate come esempio principale. Piuttosto che allinearsi con una città o una regione specifica, Socrate sosteneva una prospettiva più ampia: quella di essere un cittadino del mondo. Questo ci spinge a chiederci perché dovremmo confinare la nostra identità a una mera posizione geografica, quando il nostro legame con il divino comprende tutta l'umanità. Comprendendo l'intricato funzionamento del mondo e la speciale comunione che gli esseri razionali hanno con Dio, si può a buon diritto rivendicare il titolo di cittadino globale, di figlio di Dio. Questa consapevolezza ci libera dalle ansie e dalle sfide causate da preoccupazioni mortali, come la paura di individui influenti o di circostanze esterne. Anche in tempi di scarsità, come testimonia l'indipendenza di schiavi e fuggiaschi che contano solo su se stessi, un filosofo deve astenersi dal dipendere dagli altri e confidare invece nelle proprie capacità innate. Pertanto, è nostra responsabilità coltivare questa mentalità nelle giovani generazioni, guidandole ad abbracciare le loro origini divine e a trascurare gli attaccamenti materiali come pesanti distrazioni. Un vero istruttore ha il potere di instillare questa mentalità, assicurandosi che gli individui comprendano la natura temporanea del loro corpo fisico e dei loro beni, si allineino alla volontà di Dio e attendano pazientemente la liberazione dai vincoli terreni che li legano.

Vivere come cittadini del mondo

Se le cose dette dai filosofi sulla parentela tra Dio e l'uomo sono vere, che altro resta da fare agli uomini se non seguire le orme di Socrate? In risposta alla domanda su quale sia la tua nazione di appartenenza, non identificarti mai come ateniese o corinzio, ma piuttosto come cittadino del mondo. Perché affermare di essere un ateniese, quando in realtà si appartiene solo al piccolo angolo della terra in cui si è nati? Non ha forse più senso identificarsi con un luogo che ha un'autorità maggiore, che non comprende solo quel piccolo angolo e la vostra famiglia, ma l'intero Paese da cui provengono i vostri antenati? Quindi, chi ha osservato il funzionamento del mondo e comprende che la comunità più completa è costituita sia dagli uomini che da Dio, e che tutti gli esseri sulla terra, compresi gli esseri razionali che hanno la capacità di comunicare con Dio, discendono da Lui, perché non dovrebbe identificarsi come cittadino del mondo, figlio di Dio? E perché dovrebbe temere qualsiasi cosa possa accadere tra gli uomini? La parentela con Cesare o con qualsiasi altra figura potente di Roma è sufficiente a garantire la nostra sicurezza, a proteggerci dal disprezzo e a liberarci dalla paura? Se abbiamo Dio come creatore, padre e custode, non dovrebbe essere sufficiente per liberarci dalla tristezza e dall'ansia?

Ma un uomo potrebbe chiedersi: "Dove troverò il pane da mangiare quando non ho nulla?".

E, come gli schiavi e i fuggiaschi, su cosa fanno affidamento quando lasciano i loro padroni? Si affidano alle loro terre, ai loro schiavi o ai loro vasi d'argento? Non contano su nient'altro che su se stessi, e il cibo non manca loro. E dovrebbe essere necessario che uno di noi, che è un filosofo, viaggi in zone straniere e si affidi ad altri, senza prendersi cura di se stesso, e dovrebbe essere inferiore agli animali irrazionali e più vili, ognuno dei quali, essendo autosufficiente, non manca di procurarsi il proprio cibo, né di trovare un modo di vivere adatto e conforme alla natura? Penso infatti che il vecchio dovrebbe essere seduto qui, non per escogitare che non

CAPITOLO 9 — Come dal fatto che siamo affini a Dio una persona può procedere alle conseguenze

abbiate pensieri meschini o discorsi meschini e ignobili su voi stessi, ma per fare in modo che non ci siano tra noi giovani con una mente tale che, una volta riconosciuta la loro parentela con Dio, e che siamo vincolati da questi legami, il corpo, intendo, e i suoi beni, e tutto ciò che a causa di essi ci è necessario per l'economia e il commercio della vita, essi intendano gettare via queste cose come se fossero fardelli dolorosi e intollerabili, e andarsene dai loro parenti. Ma questo è il lavoro che dovrebbe fare il vostro maestro e istruttore, se fosse davvero quello che dovrebbe essere. Dovreste andare da lui e dirgli: "Epitteto, non possiamo più sopportare di essere legati a questo povero corpo, di nutrirlo, di dargli da bere, di riposare, di pulirlo, e per il bene del corpo di assecondare i desideri di questi e di quelli. Queste cose non sono forse indifferenti e nulle per noi, e la morte non è forse un male? E non siamo forse in qualche modo parenti di Dio, e non siamo forse venuti da Lui? Permetteteci di ripartire verso il luogo da cui siamo venuti; permetteteci di essere finalmente liberati da questi legami che ci opprimono e ci appesantiscono. Qui ci sono ladri e briganti, tribunali di giustizia e coloro che sono chiamati tiranni e pensano di avere un qualche potere su di noi per mezzo del corpo e dei suoi beni. Permetteteci di dimostrare loro che non hanno alcun potere su nessun uomo". E io, da parte mia, direi: "Amici, aspettate Dio; quando Egli darà il segnale e vi libererà da questo servizio, allora andate da Lui; ma per il momento continuate a dimorare in questo luogo in cui vi ha posto: breve è infatti il tempo della vostra permanenza qui, e facile da sopportare per coloro che sono così disposti; infatti, quale tiranno o quale ladro, o quali tribunali di giustizia sono temibili per coloro che hanno così considerato come cose di nessun valore il corpo e i beni del corpo? Aspetta dunque, non partire senza una ragione".

Qualcosa del genere dovrebbe essere detto dall'insegnante ai giovani ingenui. Ma ora cosa sta succedendo? L'insegnante è senza vita, e anche voi. Dopo esservi nutriti bene oggi, vi sedete e vi preoccupate del domani, di come troverete qualcosa da mangiare. Stupido, se ce l'hai, ce l'avrai; se non ce l'hai, morirai. La porta è aperta. Perché ti affliggi? Dove c'è ancora spazio per le lacrime? E perché qualcuno dovrebbe avere bisogno di adulare un altro? Perché

CAPITOLO 9 — Come dal fatto che siamo affini a Dio una persona può procedere alle conseguenze

una persona dovrebbe invidiare un'altra? Perché una persona dovrebbe ammirare i ricchi o i potenti, anche se sono entrambi molto forti e hanno un carattere violento? Cosa possono farci? Non ci interessa ciò che possono fare e le cose che ci interessano non possono farle. Come si è comportato Socrate in queste situazioni? Beh, si comportò come una persona che credeva di essere in contatto con gli dei. Se ora mi dite", disse Socrate ai suoi giudici, "che vi assolveremo a condizione che smettiate di parlare nel modo in cui avete parlato e che non disturbiate più i nostri giovani o i nostri vecchi", io risponderò: "Siete sciocchi a pensare che se uno dei nostri comandanti mi ha assegnato un compito specifico, è mio dovere mantenerlo e rispettarlo, ed essere pronto a morire mille volte piuttosto che abbandonarlo; ma se Dio ci ha messo in una posizione o in un modo di vivere, dobbiamo abbandonarlo". Socrate parla come una persona che crede veramente di essere collegata agli dei. Ma noi pensiamo a noi stessi come a nient'altro che allo stomaco e all'intestino, e alle nostre parti vergognose; temiamo, desideriamo; aduliamo coloro che possono aiutarci in queste cose, e li temiamo anche. Un uomo mi chiese di scrivere a Roma di lui, un uomo che, come molti credevano, era caduto in disgrazia. Era ricco e di alto livello sociale, ma ha perso tutto e ora vive qui. Scrissi una lettera a suo nome in modo umile; ma quando la lesse, me la restituì e disse: "Volevo il vostro aiuto, non la vostra pietà. Non mi è successo niente di male".

Così, Musonius Rufus mi metteva alla prova dicendo: "Questo e questo ti accadranno a causa del tuo padrone". Io rispondevo che si tratta di cose che accadono nel normale corso degli affari umani. "Perché allora", mi chiedeva, "dovrei chiedergli qualcosa quando posso ottenerla da te?". In effetti, è inutile e sciocco ricevere da qualcun altro ciò che già si possiede. Allora, io che sono in grado di ottenere da me stesso la grandezza d'animo e la generosità, dovrei accettare da te terre, denaro o una posizione di autorità? Spero di no; non voglio ignorare i miei beni. Ma quando una persona è vile e meschina, cosa si può fare di più per lei che scrivere lettere come se si trattasse di un cadavere? "Per favore, concedeteci il corpo di un certo individuo e una piccola quantità di sangue povero". Perché, in

CAPITOLO 9 — Come dal fatto che siamo affini a Dio una persona può procedere alle conseguenze

realtà, una persona del genere non è altro che un corpo senza vita e una piccola quantità di sangue. E se fossero qualcosa di più, capirebbero che una persona non diventa infelice per le azioni di un'altra.

Dalla lezione...

Riconoscete la vostra parentela con Dio, liberatevi dai pesi del corpo e affrontate le sfide della vita con forza e coraggio.

All'azione!

(1) Riflettere sulla parentela tra Dio e l'uomo e considerare le implicazioni di questa relazione.

(2) Abbracciare l'idea di essere cittadini del mondo piuttosto che identificarsi esclusivamente con il proprio luogo di nascita.

(3) Riconoscere l'autorità e il significato della comunità più grande composta da uomini e da Dio.

(4) Riconoscere e accogliere il ruolo della ragione nella formazione della comunione con Dio.

(5) Comprendete che la parentela con individui potenti o con beni terreni non garantisce la sicurezza, la liberazione dai dolori o la libertà dalla paura.

(6) Riconoscere che l'autonomia e l'autosufficienza sono possibili, anche in circostanze difficili.

(7) Considerare il valore del corpo e dei suoi beni in relazione alla vera parentela con Dio.

(8) Sopportare le difficoltà e le tribolazioni nel presente, sapendo che il tempo di permanenza in questo mondo è breve.

(9) Cercate la guida e gli insegnamenti di un istruttore esperto e saggio che possa aiutarvi a coltivare una mentalità allineata con la nostra parentela con Dio.

(10) Lasciate andare le preoccupazioni per il futuro e affidatevi al momento presente per trovare nutrimento.

(11) Accogliere il concetto di morte come parte naturale della vita e liberarsi dai fardelli del mondo.

(12) Riconoscere l'inutilità di paragonarsi agli altri e di desiderare i beni o lo status dei ricchi e dei potenti.

CAPITOLO 9 — Come dal fatto che siamo affini a Dio una persona può procedere alle conseguenze

(13) Comprendere che le circostanze esterne e le azioni degli altri non possono veramente danneggiare o opprimere coloro che hanno riconosciuto la loro parentela con Dio.

(14) Emulare il comportamento di Socrate, che ha dato priorità al suo dovere verso Dio rispetto alle aspettative della società e alle posizioni di potere.

(15) Spostare l'attenzione dai desideri e dalle paure corporee allo sviluppo di uno spirito nobile e generoso.

(16) Coltivare l'autosufficienza e l'autoaffermazione piuttosto che cercare pietà o assistenza dagli altri.

(17) Abbracciate l'idea che i veri beni vengono dall'interno, come la grandezza d'animo e lo spirito generoso, piuttosto che dalla ricchezza o dallo status esterno.

(18) Resistere alla tentazione di affidarsi agli altri per ottenere convalida o sostegno, concentrandosi invece sulla coltivazione della propria forza interiore.

(19) Evitare di diventare una "carcassa" o un "sestario di sangue" riconoscendo il proprio valore e rifiutando di dipendere dagli altri per ottenere convalida o assistenza.

CAPITOLO 10

— Contro coloro che cercano ardentemente di farsi apprezzare a Roma

Prendetevi un momento per contemplare il netto contrasto tra le attività frenetiche degli anziani a Roma e la nostra inclinazione alla pigrizia. Se solo potessimo dedicarci alle nostre fatiche con lo stesso fervore di coloro che sono profondamente presi dai loro doveri, immaginate i notevoli risultati che potremmo raggiungere. Permettetemi di farvi conoscere un mio conoscente, più anziano di me, che attualmente ricopre una posizione di autorità a Roma. Una volta ha dichiarato che, al suo ritorno dall'esilio, non avrebbe cercato altro che una vita di serenità. Tuttavia, come scopriremo presto, le sue azioni hanno contraddetto le sue parole, illustrando così l'inclinazione universalmente umana a essere occupati e la riluttanza a rimanere fermi alle proprie intenzioni.

L'importanza della diligenza e dell'azione per raggiungere il successo

Se ci dedicassimo al nostro lavoro con la stessa diligenza con cui gli anziani di Roma si dedicano ai loro compiti, forse anche noi potremmo ottenere qualcosa. Conosco un uomo più anziano di me che attualmente ricopre la carica di sovrintendente del grano a Roma. Ricordo quando passò di qui al ritorno dall'esilio. Ha raccontato della sua vita passata e ha espresso il desiderio di trascorrere il resto dei suoi giorni in pace e tranquillità dopo il suo ritorno. "Mi è rimasta così poca vita", ha dichiarato. Gli ho risposto: "Non lo farai. Appena sentirai l'odore di Roma, dimenticherai tutto quello che hai detto. E se ti sarà concesso di entrare nel palazzo imperiale, non vedrai l'ora di spingerti dentro e ringraziare Dio". "Se mi vedi, Epitteto", rispose, "mettere piede nel palazzo, pensa quello che vuoi". Ebbene, cosa fece allora? Prima di entrare in città, ricevette delle lettere da Cesare. Nel momento in cui le ricevette, dimenticò tutto e da allora accumulò compiti su compiti. Vorrei essere al suo fianco ora per ricordargli quello che ha detto quando è passato di qui, e per fargli capire quanto io sia più bravo di lui a giudicare le persone.

Ebbene, dico forse che l'uomo è un animale fatto per non fare nulla? Certamente no. Ma perché non siamo attivi? Per esempio, per quanto mi riguarda, appena arriva il giorno, in poche parole, mi ricordo di ciò che devo leggere ai miei alunni; poi subito mi dico: "Ma cosa mi importa di come deve leggere una certa persona? La prima cosa per me è dormire". E in effetti, che somiglianza c'è tra quello che fanno gli altri e quello che facciamo noi? Se osservate quello che fanno, capirete. Che cos'altro fanno tutto il giorno se non fare i conti, informarsi tra di loro, dare e ricevere consigli su qualche piccola quantità di grano, su un po' di terra e su questo tipo di profitti? È forse la stessa cosa ricevere una petizione e leggere in essa: "Ti prego di permettermi di esportare una piccola quantità di grano"; e una con queste parole: "Ti prego di imparare da Crisippo qual è l'amministrazione del mondo e quale posto occupa in esso l'animale razionale; considera anche chi sei, e qual è la natura del tuo bene e del tuo male". Queste cose sono simili l'una all'altra? Richiedono la stessa cura, ed è ugualmente sbagliato trascurare queste e quelle? Allora, siamo noi gli unici ad essere pigri e ad amare il sonno? No, ma piuttosto voi giovani. Per noi vecchi, quando vediamo i giovani divertirsi, siamo desiderosi di giocare con loro; e se vi vedessi attivi e zelanti, sarei ancora più desideroso di unirmi a voi nelle vostre attività serie.

> **Dalla lezione...**
>
> Siate attivi, concentrati e impegnati nel vostro lavoro, utilizzando il vostro tempo in modo efficiente e cercando di crescere e migliorare costantemente.

CAPITOLO 10 — Contro coloro che cercano ardentemente di farsi apprezzare a Roma

> **All'azione!**
>
> (1) Dedichiamoci diligentemente al nostro lavoro, come gli anziani di Roma.
> (2) Sforzarsi di portare a termine compiti e obiettivi significativi.
> (3) Cercate di emulare la dedizione e l'impegno dell'anziano che divenne sovrintendente del grano a Roma.
> (4) Ricordare ogni giorno i nostri obiettivi e le nostre responsabilità.
> (5) Evitare di farsi distrarre o deviare da questioni irrilevanti.
> (6) Stabilite le priorità e concentratevi su ciò che conta davvero.
> (7) Sforzatevi di vivere in tranquillità e pace, piuttosto che cercare sempre più responsabilità.
> (8) Assumetevi la responsabilità delle vostre parole e delle vostre promesse.
> (9) Resistere alla tentazione di cedere ai desideri o alle ambizioni mondane.
> (10) Essere consapevoli delle nostre azioni e dei nostri impegni, anche di fronte alle sfide o alle tentazioni.
> (11) Ricordate che le nostre azioni hanno delle conseguenze e possono avere un impatto sul nostro futuro.
> (12) Cercare di capire la vera natura del nostro scopo nel mondo.
> (13) Riflettere sull'importanza della conoscenza e della saggezza, piuttosto che farsi prendere dalle attività mondane.
> (14) Riconoscere il valore dell'auto-miglioramento e della crescita personale.
> (15) Evitare la pigrizia e dare priorità alla produttività.
> (16) Apprezzare la saggezza e la guida delle persone più anziane ed essere aperti a imparare da loro.
> (17) Incoraggiare e ispirare i giovani a essere attivi e diligenti nelle loro attività.
> (18) Promuovere una cultura della collaborazione e del sostegno, in cui le persone sono desiderose di unirsi l'una all'altra in imprese serie.

CAPITOLO 11

— Dell'affetto naturale

In questo dialogo tra Epitteto e un magistrato viene esplorato il tema della responsabilità familiare e della ricerca della felicità. Epitteto mette in discussione i sentimenti di infelicità del magistrato nei confronti dei figli e della moglie, contestando l'idea che il matrimonio e la genitorialità siano destinati a portare infelicità. Mentre discutono della naturalezza del comportamento umano e dei criteri per determinare ciò che è giusto e ciò che è sbagliato, Epitteto incoraggia il magistrato a contemplare l'armonia tra ragione e affetto. In definitiva, il paragrafo introduttivo pone le basi per un esame riflessivo delle azioni del magistrato e della natura dell'amore familiare.

Esaminare le nostre azioni e opinioni: Una lezione da Epitteto

In occasione della visita di un magistrato, Epitteto si informò su diversi dettagli, tra cui la famiglia del magistrato. Il magistrato rivelò di avere figli e una moglie. Epitteto chiese quindi come si sentisse il magistrato nelle sue attuali condizioni. Il magistrato rispose "miserabile". Incuriosito, Epitteto chiese ulteriori chiarimenti, poiché gli uomini non si sposano e non hanno figli per essere infelici, ma piuttosto per trovare la felicità. Il magistrato confessò di essere talmente oppresso dalla preoccupazione per i figli che, quando la sua giovane figlia si ammalò e si pensò che fosse in pericolo, non poté sopportare di stare con lei e se ne andò di casa finché non ricevette la notizia della sua guarigione. Epitteto sfidò il magistrato, chiedendogli se credeva che le sue azioni fossero giuste. Il magistrato si difese, dicendo che si era comportato in un modo che gli era naturale. Epitteto chiese allora la prova che questo comportamento fosse davvero naturale, promettendo di dimostrare che tutto ciò che avviene naturalmente è anche fatto bene. Il magistrato ammise che il suo comportamento era condiviso da altri padri, ma Epitteto controbatté sostenendo che la questione era se tale comportamento fosse giusto o meno. Egli fece un'analogia, suggerendo che se i tumori esistono nel corpo, devono essere buoni per il corpo, poiché esistono naturalmente, e allo stesso modo, se assumiamo che fare il male è naturale perché la maggior parte delle persone fa il male, allora ne consegue che deve essere giusto. Epitteto sfidò il magistrato a dimostrare come il suo comportamento fosse davvero naturale, ma il magistrato ammise di non poterlo fare e disse invece a Epitteto di dimostrare che il suo comportamento era innaturale e sbagliato.

Ebbene, disse Epitteto, se ci informassimo sul bianco e sul nero, quale criterio dovremmo utilizzare per distinguerli? "La vista", disse. E se dovessimo indagare sul caldo e sul freddo, sul duro e sul morbido, quale criterio? "Il tatto". Allora, visto che stiamo indagando sulle cose che sono secondo natura e su quelle che sono fatte bene o male, che tipo di criterio pensi che dovremmo usare? "Non lo so", rispose. Eppure non conoscere il criterio dei colori e degli odori, e anche dei sapori, forse non è un gran danno; ma se una persona non conosce il criterio del bene e del male, e delle cose secondo natura e di quelle contrarie alla natura, le sembra un piccolo danno? "Il danno più grande". Mi dica, tutte le cose che ad alcuni sembrano buone e in divenire appaiono giustamente come tali; e attualmente per quanto riguarda ebrei, siriani, egiziani e romani, è possibile che le opinioni di tutti loro riguardo al cibo siano giuste? "Com'è possibile?", rispose. Beh, suppongo che sia assolutamente necessario che se le opinioni degli egiziani sono giuste, quelle degli altri devono essere sbagliate; se le opinioni degli ebrei sono giuste, quelle degli altri non possono essere giuste". "Certamente". Ma dove c'è ignoranza, c'è anche una mancanza di apprendimento e di formazione nelle cose necessarie. Egli si disse d'accordo. Tu dunque, disse Epitteto, dal momento che sai questo, per il futuro non potrai che impegnarti seriamente nell'apprendere e comprendere il criterio delle cose che sono secondo natura, e usarlo per determinare ogni singola cosa. Ma nel presente posso aiutarti in qualche modo a raggiungere ciò che desideri. L'affetto per i suoi familiari le sembra conforme alla natura e buono? "Certamente". Ebbene, questo affetto è naturale e buono, e qualcosa di coerente con la ragione non è buono? "Assolutamente no". Allora, qualcosa di coerente con la ragione è in contraddizione con l'affetto? "Non credo." Hai ragione, perché se fosse così, essendo una delle contraddizioni secondo natura, l'altra deve essere contraria alla natura. Non è vero? "Sì", rispose. Allora, qualsiasi cosa che stabiliremo essere al tempo stesso affettuosa e coerente con la ragione, la dichiareremo fiduciosamente giusta e buona". "D'accordo". Ebbene, lasciare il proprio figlio malato e andarsene non è ragionevole, e suppongo che non direte che lo sia. Ma dovremmo chiederci se è coerente con l'affetto. "Sì, consideriamolo". Allora, visto che aveva una disposizione affettuosa verso la sua bambina, ha fatto bene a scappare e a lasciarla, e la madre non ha forse affetto per la bambina? "Certo che sì". La madre avrebbe dovuto lasciarla allora o no? "Non avrebbe dovuto". E la balia, le vuole bene? "Certo che le vuole bene". Anche lei avrebbe dovuto lasciarla? "Assolutamente no". E il pedagogo, non la ama? "La ama".

Avrebbe dovuto abbandonarla anche lui? La bambina avrebbe dovuto essere lasciata sola e senza assistenza a causa del grande affetto che voi, i genitori e gli altri nutrivate per lei? O sarebbe dovuta morire nelle mani di chi non l'amava né si curava di lei? "Certamente no". È ingiusto e irragionevole negare ad altri, con lo stesso affetto, di fare ciò che voi ritenete giusto fare perché avete affetto. È assurdo. Quindi, se lei fosse malato, vorrebbe che i suoi cari, compresi i suoi figli e sua moglie, fossero così affettuosi da lasciarla sola e abbandonata? "Assolutamente no". E vorreste essere così amati dai vostri stessi familiari che il loro eccessivo affetto vi lasciasse sempre soli quando siete malati? O preferireste pregare, se possibile, di essere amati dai vostri nemici e abbandonati dai vostri cari? Ma se questo è il caso, allora le vostre azioni non erano affatto un'espressione di affetto.

CAPITOLO 11 — Dell'affetto naturale

Allora non c'è stato nulla che l'abbia spinta ad abbandonare il suo bambino? E come è possibile? Ma forse è stato qualcosa di simile che ha portato un uomo a Roma a fasciarsi la testa mentre correva un cavallo a lui caro; e quando, contrariamente alle sue aspettative, il cavallo vinse, ebbe bisogno di spugne per riprendersi dallo svenimento. Che cosa lo muoveva, dunque? La discussione esatta su questo punto potrebbe non essere rilevante in questo momento, ma se ciò che dicono i filosofi è vero, non dobbiamo cercarlo all'esterno; piuttosto, in tutti i casi, è una sola e unica cosa la causa delle nostre azioni o inazioni, delle nostre parole o dei nostri silenzi, della nostra euforia o depressione, del nostro evitamento o del nostro perseguimento - e questa stessa cosa è ora la ragione per cui siete venuti da me, seduti qui, e state ascoltando, e per cui io dico ciò che sto dicendo. E cos'è questa cosa? È qualcosa di diverso dalla nostra volontà di farlo? "No, non lo è".

Ma se avessimo voluto diversamente, che altro avremmo fatto se non quello che abbiamo voluto fare? Quindi, il lamento di Achille è stato causato da questo, non dalla morte di Patroclo; perché un altro uomo non si comporta così quando muore il suo compagno, ma Achille ha scelto di farlo. E per te, il motivo per cui sei scappato è perché hai scelto di farlo; e allo stesso modo, se deciderai di restare con lei, il motivo sarà lo stesso. In questo momento, state andando a Roma perché avete scelto di farlo; e se cambiate idea, non ci andrete. In sintesi, né la morte, né l'esilio, né il dolore, né niente del genere sono la causa delle nostre azioni o inazioni, ma piuttosto le nostre opinioni e volontà. La convinco di questo o no? "Mi convinci". Pertanto, le cause e gli effetti sono proporzionali. Quindi, da oggi in poi, se facciamo qualcosa di sbagliato, non lo attribuiremo a nient'altro che alla volontà con cui l'abbiamo fatto; e ci sforzeremo di rimuoverlo ed estirparlo, come faremmo con i tumori e gli ascessi dal corpo. Allo stesso modo, daremo la stessa spiegazione alla causa delle nostre azioni giuste; e non incolperemo più gli schiavi, i vicini, le mogli o i figli come cause di qualsiasi disgrazia, poiché siamo convinti che se non percepiamo le cose come pensiamo che siano, non agiremo in base a quelle opinioni. E per quanto riguarda la percezione o la non percezione, questa è sotto il nostro controllo e non è influenzata da fattori esterni. "È vero", ha detto. Da oggi in poi, quindi, non indagheremo e non esamineremo altro che la qualità e lo stato delle nostre opinioni, non la terra, gli schiavi, i cavalli o i cani. "Lo spero". Vedete, dunque, che se intendete veramente esaminare le vostre opinioni, dovete diventare uno studioso, una posizione che tutti ridicolizzano; e voi stessi sapete che questo non è il lavoro di una sola ora o di un solo giorno.

Dalla lezione...

Esaminate le vostre opinioni, perché sono il catalizzatore delle vostre azioni e l'elemento essenziale per condurre una vita soddisfacente.

All'azione!

(1) Chiedere quali sono i criteri per distinguere le cose che sono secondo natura da quelle che non lo sono.
(2) Concentratevi sull'apprendimento e sulla formazione delle cose necessarie per comprendere ciò che è giusto e buono.
(3) Esaminare il criterio per determinare se un'azione è sia affettuosa che coerente con la ragione.
(4) Riconoscere che lasciare un bambino malato da solo non è ragionevole né affettuoso.
(5) Considerate le prospettive e le azioni di altre persone che provano affetto per il bambino.
(6) Riflettere su come si vorrebbe essere trattati se ci si trovasse in una situazione simile.
(7) Comprendere che la nostra volontà è la causa ultima delle nostre azioni e decisioni.
(8) Assumersi la responsabilità delle azioni e non attribuirle a fattori esterni.
(9) Esaminare e mettere in discussione le proprie opinioni e convinzioni.
(10) Sforzarsi continuamente di migliorare e di esaminare le proprie opinioni.
(11) Comprendere che l'esame delle proprie opinioni è un processo a lungo termine.

CAPITOLO 11 — Dell'affetto naturale

(12) Concentrarsi sull'esame e sulla comprensione delle proprie opinioni più che delle circostanze esterne.

(13) Riconoscere che pensare o non pensare è sotto il nostro controllo.

CAPITOLO 12

— Della contentezza

Per quanto riguarda gli dei, esistono diverse prospettive. Alcuni sostengono che non esiste un essere divino, mentre altri affermano che, se esiste, è indifferente e non coinvolto negli affari del mondo. Un altro gruppo ritiene che, se un tale essere esiste, si occupa solo di questioni grandiose e celesti, trascurando gli affari terreni. Un'altra categoria ancora ritiene che un essere divino sia attento sia alle questioni terrene che a quelle celesti, anche se in senso generale, senza preoccuparsi in modo specifico degli individui. Infine, c'è chi, come Ulisse e Socrate, afferma di non agire senza la conoscenza degli dei. Date queste credenze contrastanti, è fondamentale esaminare la veridicità di ciascuna opinione. Se gli dei non esistono, a cosa serve seguirli? Anche se esistono ma sono disinteressati, dovremmo comunque aderire a loro? E se esistono e si interessano alle cose, ma non comunicano con l'umanità, è giusto seguirli? Pertanto, la persona saggia e virtuosa deve contemplare queste idee e allineare volentieri la propria mente all'amministrazione divina, proprio come un buon cittadino aderisce alle leggi dello Stato.

> Le diverse convinzioni sull'esistenza degli dei e la ricerca della libertà nell'accettazione

Per quanto riguarda gli dei, alcuni sostengono che un'entità divina non esista. Altri sostengono che esiste, ma è inattiva e indifferente, non si preoccupa di nulla. Un terzo gruppo afferma che un tale essere esiste e dimostra lungimiranza, ma solo per le questioni grandiose e celesti, trascurando tutto ciò che avviene sulla Terra. Una quarta categoria sostiene che un essere divino esercita la preveggenza sia per le questioni terrene che per quelle celesti, ma in modo generale e non per cose specifiche. Infine, c'è un quinto gruppo a cui appartengono Ulisse e Socrate. Essi proclamano: "Non mi muovo senza la tua conoscenza".

Prima di ogni altra cosa, è necessario indagare su ciascuna di queste opinioni e stabilire se sono vere o false. Se gli dei non esistono, come può essere il nostro scopo seguirli? E se esistono ma non si preoccupano di nulla, come può essere giusto seguirli? Ma se esistono e si preoccupano delle cose, anche se nulla viene comunicato da loro agli esseri umani, me compreso, è comunque giusto? La persona saggia e virtuosa, dopo aver considerato tutte queste cose, sottomette la propria mente a colui che governa tutto, proprio come i cittadini rispettosi della legge si sottomettono alle leggi dello Stato. Chi cerca un'istruzione dovrebbe avvicinarsi all'istruttore con l'intenzione di imparare a seguire gli dei in ogni cosa, ad accettare l'ordine divino e a diventare libero. Perché la vera libertà significa che tutto avviene secondo la propria volontà e nessuno può impedirglielo. Che cos'è dunque la "follia della libertà"? Non è affatto una follia, perché follia e libertà non possono coesistere. Ma potreste dire: "Voglio che tutto accada esattamente come voglio e in qualsiasi modo io desideri". Questa è follia, siete irrazionali. Non capite che la libertà è una cosa nobile e preziosa? Tuttavia, è meschino e ignobile desiderare che le cose accadano come vogliamo senza considerare le conseguenze. Consideriamo ad esempio la questione della scrittura. Ho il diritto di scrivere il nome di Dion come voglio? No, mi è stato insegnato a scriverlo correttamente. Lo stesso vale per la musica e per ogni altra arte o scienza. Se non fosse così, la conoscenza non avrebbe valore se fosse adattata ai capricci di ciascuno. Quindi, la libertà è l'unico ambito in cui mi è permesso agire senza considerare le conseguenze? Assolutamente no. Essere educati significa imparare a desiderare che tutto accada come accade. E come accadono le cose? Accadono come le ha disposte chi le organizza. Ha assegnato l'estate e l'inverno, l'abbondanza e la scarsità, la virtù e il vizio e tutte le altre forze opposte per il bene dell'armonia generale. A ciascuno di noi è stato dato un corpo, delle parti del corpo, dei beni e dei compagni.

Considerando lo stato attuale delle cose, è importante riconoscere che dovremmo cercare l'istruzione, non con l'intenzione di alterare l'ordine naturale delle cose - poiché non abbiamo la capacità di farlo e non è nel nostro interesse avere tale potere - ma piuttosto per mantenere l'armonia con le circostanze che ci circondano. Possiamo veramente fuggire dagli altri individui? È possibile? E anche se dovessimo associarci a loro, potremmo cambiarli? Chi ci conferisce tale autorità? Pertanto, quali opzioni ci rimangono per impegnarci con gli altri? C'è un modo per farli agire come vogliono, mentre noi manteniamo una mentalità allineata con la natura? Tuttavia, non sembrate disposti a tollerare e vi sentite costantemente insoddisfatti. Quando siete soli, vi riferite alla solitudine; e quando siete in compagnia di altri, li etichettate come furfanti e ladri. Trovate difetti nei vostri familiari e nei vostri vicini. Invece, quando siete soli, etichettate questo stato come tranquillità e libertà e vi considerate simili agli dei. E quando siete in presenza di molti, non consideratela una folla, un problema o un disagio, ma piuttosto una celebrazione e un raduno, e accettatela con tutto il cuore.

Qual è dunque la punizione per coloro che non accettano? È quella di rimanere come sono. Se qualcuno è insoddisfatto di essere solo, che lo sia. Se un uomo è insoddisfatto dei suoi genitori, che sia un cattivo figlio e si lamenti. Se è insoddisfatto dei suoi figli, che sia un cattivo padre. "Gettatelo in prigione". Ma dov'è questa prigione? È dove già si trova, perché è lì contro la sua volontà. E quando un uomo è contro la sua volontà, è in prigione. Quindi, Socrate non era in prigione, perché era lì di sua volontà. "La mia gamba deve dunque essere ferita?". Sciagurato, hai forse da ridire sul mondo a causa di una gamba malandata? Non la rinunceresti volentieri per l'intero? Non ti staccherai da essa? Non la restituisci volentieri a colui che te l'ha data? E sarete forse contrariati e scontenti delle cose stabilite da Zeus, che ha definito e messo in ordine con le Moire, che erano presenti e tessevano il filo della vostra generazione? Non vi rendete conto di quanto siete una piccola parte rispetto al tutto, soprattutto per quanto riguarda il corpo? Per quanto riguarda l'intelligenza, non siete inferiori agli dèi o meno di loro. La grandezza dell'intelligenza non si misura dalla lunghezza o dall'altezza, ma dai pensieri.

Non sceglierete allora di porre il vostro bene in quello in cui siete uguali agli dei? "Disgraziato che sono ad avere un tale padre e una tale madre". Che cosa vi è stato permesso di fare, di scegliere e di dire? "Che un tale uomo si unisca in questo momento con una tale donna affinché io possa essere generato?". Non era permesso, ma era necessario che prima esistessero i vostri genitori e poi che voi foste generati. Da che tipo di genitori? Da quelli che erano. E allora, visto che sono tali, non c'è rimedio per voi? Ora, se non sapeste a quale scopo possedete la facoltà della vista, sareste sfortunati e miserabili se chiudeste gli occhi quando vi vengono portati davanti i colori; ma se possedete la grandezza d'animo e la nobiltà di spirito per ogni evento che può accadere, e non sapete di possederle, non siete forse più sfortunati e miserabili? Vi si avvicinano cose che sono proporzionate al potere che possedete, ma voi allontanate questo potere soprattutto nel momento in cui dovreste mantenerlo aperto e perspicace. Non ringraziate piuttosto gli dei che vi hanno permesso di essere al di sopra di queste cose che non hanno messo in vostro potere, e vi hanno reso responsabili solo di quelle che sono in vostro potere? Per quanto riguarda i tuoi genitori, gli dèi ti hanno lasciato libero da responsabilità, e così per i tuoi fratelli, per il tuo corpo, per i tuoi beni, per la morte e per la vita. Di che cosa dunque ti hanno reso responsabile? Di ciò che solo è in tuo potere, l'uso corretto delle apparenze. Perché dunque attirate su di voi le cose di cui non siete responsabili? È davvero un dare fastidio a voi stessi.

Dalla lezione...
Accettate le cose che sfuggono al vostro controllo e concentratevi sull'uso della mente e delle azioni per ciò che è in vostro potere.

All'azione!
(1) Informatevi su ciascuna delle opinioni riguardanti l'esistenza e la natura degli dei e stabilite se sono vere o meno. (2) Considerate le implicazioni delle diverse credenze sugli dèi, tra cui l'assenza di dèi, gli dèi inattivi, gli dèi che si concentrano solo sulle cose celesti, o gli dèi che si occupano di tutto in anticipo.

(3) Esaminare il concetto di libertà e capire che la vera libertà non consiste nel far sì che tutto accada come si vuole, ma piuttosto nell'accontentarsi e nell'accettare l'amministrazione divina delle cose.
(4) Riconoscere che non è in nostro potere cambiare la costituzione delle cose, quindi è importante mantenere la nostra mente in armonia con le cose che accadono.
(5) Accettare di non poter sfuggire alle interazioni con gli altri e imparare invece a mantenere una mentalità conforme alla natura e ad accettare la presenza degli altri.
(6) Comprendere che il malcontento e l'insoddisfazione portano solo alla sofferenza autoimposta e che accettare e abbracciare le circostanze attuali può portare tranquillità e libertà.
(7) Rendetevi conto che la punizione per non accettare le circostanze attuali è quella di continuare a provare insoddisfazione e malcontento.
(8) Riconoscere che lamentarsi dei fattori esterni, come i genitori, i figli o il mondo, è inutile, perché non abbiamo alcun controllo su queste cose e dovremmo imparare ad accettarle di buon grado.
(9) Coltivare la gratitudine per le capacità e le facoltà che possediamo, come l'intelligenza e il potere di discernimento, e utilizzarle per trovare il nostro bene in ciò che è in nostro potere.
(10) Riconoscere che non siamo responsabili delle azioni e delle caratteristiche degli altri, della nostra famiglia o delle circostanze esterne, e concentrarci invece sull'utilizzo del nostro potere di usare correttamente le apparenze.

CAPITOLO 13

— Come fare tutto in modo accettabile per gli dei

Per mangiare in modo gradito agli dei, bisogna sforzarsi di incarnare la giustizia, la contentezza, l'equanimità, la temperanza e l'ordine. Tuttavia, la vera accettabilità non risiede solo nelle azioni virtuose, ma anche nella capacità di mantenere la compostezza e l'accettazione di fronte alle sfide o agli inconvenienti. Quando la richiesta di acqua calda viene ignorata o non soddisfatta, è fondamentale rimanere fermi ed evitare di soccombere alla rabbia o alla frustrazione. L'accettazione delle circostanze, per quanto sfavorevoli, è considerata gradita agli dei. Inoltre, quando si ha a che fare con individui difficili, come uno schiavo negligente, è importante ricordare la propria parentela con tutti gli esseri umani, riconoscendo che siamo tutti discendenti di Zeus. Pertanto, non bisogna permettere che il potere o la proprietà portino alla tirannia, ma piuttosto abbracciare la compassione e la comprensione. Spostando la nostra attenzione dalle leggi terrene a quelle divine, possiamo coltivare una vita più virtuosa e accettabile.

Accettazione e compassione nella vita quotidiana

Quando qualcuno chiese come un uomo potesse mangiare in modo accettabile per gli dei, egli rispose: Se può mangiare in modo giusto, contento e con equanimità, oltre che in modo temperato e ordinato, non sarebbe forse accettabile anche per gli dèi? Ma cosa

CAPITOLO 13 — Come fare tutto in modo accettabile per gli dei

succede se chiedete acqua calda e lo schiavo non vi ascolta, o se vi ascolta ma porta solo acqua tiepida, o se non si trova nemmeno in casa? In queste situazioni, non è accettabile per gli dei se non ci si arrabbia o si perde la calma? "Ma come può una persona sopportare uno schiavo come questo?". Non sei anche tu uno schiavo? Non sopporterai il tuo stesso fratello, che condivide lo stesso Zeus come antenato e discende dagli stessi semi e dalla stessa stirpe dall'alto? Ma se ti capita di essere in una posizione più elevata, diventerai immediatamente un tiranno? Non ricorderete chi siete e su chi avete autorità? Sono vostri parenti, sono vostri fratelli per natura e sono la progenie di Zeus. "Ma io li ho comprati e loro non hanno comprato me". Riconoscete in quale direzione state guardando? È verso la terra, verso la tomba; è verso queste misere leggi fatte da uomini morti. Ma non state guardando verso le leggi degli dei.

Dalla lezione...

Ricordate di mangiare con giustizia, soddisfazione, equanimità, temperanza e ordine per compiacere gli dei e non lasciate che le azioni degli altri vi provochino o vi facciano perdere la calma.

All'azione!

(1) Mangiare con giustizia e soddisfazione: Sforzarsi di mantenere un approccio equilibrato ed equo all'alimentazione, tenendo conto dell'impatto su se stessi e sugli altri.
(2) Praticare l'equanimità: Coltivare un atteggiamento calmo e composto, soprattutto nelle situazioni in cui le cose non vanno come previsto o desiderato.
(3) Mangiare in modo temperato e ordinato: Evitare l'indulgenza o l'eccesso nel mangiare e mantenere un approccio sistematico e disciplinato alle proprie abitudini alimentari.
(4) Accettazione e pazienza: Invece di arrabbiarsi o sentirsi frustrati di fronte alle imperfezioni o agli errori degli altri, sforzatevi di rimanere calmi e di accettare.
(5) Praticare l'empatia e la comprensione: Ricordate che tutti gli individui sono collegati e hanno un legame comune, quindi trattate gli altri con gentilezza e compassione, indipendentemente dal loro status sociale o dalla loro posizione.

(6) Evitare di diventare un tiranno: Se vi viene data una posizione di potere, sforzatevi di usarla in modo responsabile e nel rispetto dei diritti e della dignità degli altri.

(7) Ricordare la propria identità e l'umanità condivisa: Riconoscere che tutti sono uguali e meritevoli di rispetto e non lasciare che le gerarchie sociali offuschino il proprio giudizio.

(8) Concentrarsi sulle leggi divine piuttosto che su quelle umane: Dare priorità ai principi e ai valori che si allineano a standard spirituali o morali più elevati, piuttosto che lasciarsi coinvolgere da norme sociali o legali che potrebbero non essere giuste o virtuose.

(9) Guardare oltre le preoccupazioni terrene: Allontanare l'attenzione dalle questioni materialistiche o mondane e dirigere invece la propria attenzione verso la crescita spirituale e il perseguimento di ideali più elevati.

CAPITOLO 14

— Che la divinità sovrintende a tutte le cose

Nel comprendere la presenza divina e l'interconnessione di tutte le cose, bisogna riconoscere l'accordo naturale tra i regni terrestri e celesti. Con le piante che rispondono obbedientemente ai comandi di Dio per la crescita e la fruttificazione e i corpi celesti che orchestrano cambiamenti significativi nell'esistenza terrena, diventa chiaro che anche le nostre anime sono intimamente legate al divino. Mentre navighiamo nella complessità degli affari umani e conserviamo innumerevoli impressioni e ricordi, dobbiamo riconoscere che la supervisione e la percezione di Dio si estendono a tutte le cose. E proprio come i soldati giurano fedeltà a Cesare, siamo chiamati a promettere il nostro impegno al Divino, onorando noi stessi al di sopra di tutto nel perseguire l'obbedienza e l'accettazione di tutto ciò che ci è stato donato.

L'unità della creazione di Dio: Riflettere sulla connessione della natura con il divino

Quando qualcuno gli chiese come una persona potesse essere convinta che tutte le sue azioni sono sotto il controllo di Dio, egli rispose: "Non credi che tutto sia collegato come una cosa sola?". La persona rispose: "Sì, lo credo". "Ebbene, non credi che le cose terrene si allineino e si colleghino naturalmente con quelle celesti?". "Sì". "E come spiegare altrimenti la costante obbedienza ai comandi di Dio? Quando Egli ordina alle piante di fiorire, non fioriscono? Quando ordina loro di far crescere i germogli, non crescono? Quando ordina loro di fruttificare, come fanno a fruttificare? Quando ordina ai frutti di maturare, non maturano? Quando ordina loro di far cadere i frutti, come fanno a farli cadere? E quando comanda alle foglie di cadere, non cadono? E quando ordina loro di ripiegarsi e riposare, in che altro modo rimangono ferme e riposano? E come spiegare altrimenti i cambiamenti significativi che si osservano nelle cose terrene durante la crescita e il declino della luna, e l'avvicinarsi e l'allontanarsi del sole? Ma se le piante e i nostri corpi sono così strettamente intrecciati con il tutto, non lo sarebbe ancora di più la nostra anima? E se le nostre anime sono così strettamente connesse e in contatto con Dio come parti di Lui, Dio non percepirebbe ogni movimento di queste parti come un suo movimento, inseparabile da sé? Ora, potete pensare contemporaneamente all'amministrazione divina, alle questioni divine e agli affari umani? Potete essere mossi da innumerevoli cose contemporaneamente nei vostri sensi e nella vostra comprensione, essere d'accordo con alcune e in disaccordo con altre, e talvolta sospendere il giudizio? E ancora, conservare nella vostra anima innumerevoli impressioni di cose numerose e diverse, ed esserne influenzati, formando nozioni simili a quelle che vi sono state impresse per la prima volta? E potete conservare numerose competenze e ricordi di innumerevoli cose? E Dio non è forse in grado di supervisionare tutte le cose, di essere presente con tutte e di ricevere comunicazioni da tutte? E se il sole è in grado di illuminare una porzione così grande dell'Universo, lasciando scoperta solo la parte coperta dall'ombra della terra, Colui che ha creato e controlla il sole stesso, come una piccola parte rispetto al tutto, non può forse percepire tutte le cose?

"Ma io non posso", potrebbe rispondere l'uomo, "comprendere tutte queste cose insieme". Ma chi vi dice che avete lo stesso potere di Zeus? Tuttavia, egli ha posto accanto a ogni uomo un guardiano, il Daemon di ogni uomo, al quale ha affidato la cura dell'uomo, un guardiano che non dorme mai, non è mai ingannato. Quale custode migliore e più attento avrebbe potuto affidare a ciascuno di noi? Quando avrete chiuso le porte e fatto buio dentro di voi, ricordatevi

CAPITOLO 14 — Che la divinità sovrintende a tutte le cose

di non dire mai che siete soli, perché non lo siete. Dio è dentro di voi e il vostro Demone è dentro di voi. Non hanno bisogno di luce per vedere ciò che state facendo. A questo Dio dovreste prestare giuramento, proprio come fanno i soldati con Cesare. I soldati giurano di considerare la sicurezza di Cesare al di sopra di tutto, e voi, che avete ricevuto tanti e così grandi favori, non giurerete? E quando avrete giurato, non rispetterete il vostro giuramento? E cosa dovreste giurare? Di non essere mai disobbedienti, di non fare mai accuse, di non trovare difetti in ciò che ha dato e di non fare o subire malvolentieri ciò che è necessario. Questo giuramento è simile a quello dei soldati? I soldati giurano di non preferire nessuno a Cesare, mentre in questo giuramento gli uomini giurano di onorare se stessi sopra ogni cosa.

Dalla lezione...

Riconoscere che tutte le cose sono interconnesse e capire che Dio è presente in ogni azione, guidando e osservando tutto.

All'azione!

(1) Riflettere sull'unità di tutte le cose e sul naturale accordo e unione tra le cose terrene e quelle celesti.
(2) Riconoscere la regolarità e l'ordine della natura come prova del comando e della supervisione di Dio.
(3) Contemplare l'interconnessione di piante, corpi, anime e Dio, e la percezione di ogni movimento come parte del movimento stesso di Dio, connesso con Lui.
(4) Si consideri la capacità di avere pensieri sull'amministrazione divina, sulle vicende umane e su molteplici impressioni sensoriali e intellettuali contemporaneamente.
(5) Riconoscere la capacità di Dio di supervisionare ed essere presente in tutte le cose, ricevendo comunicazioni da tutti.
(6) Riflettete sulla vasta illuminazione del sole e sulla capacità di Dio, che ha creato e controlla il sole, di percepire tutte le cose.
(7) Ricordate che non siete mai soli, perché Dio e il vostro Daemon (guardiano) sono sempre presenti con voi.
(8) Giurate a Dio e al vostro Daemon di essere obbedienti, di astenersi dal muovere accuse o di trovare difetti in ciò che viene dato, e di fare e subire volentieri le cose necessarie.

CAPITOLO 14 — Che la divinità sovrintende a tutte le cose

(9) Considerate come il vostro giuramento sia simile al giuramento del soldato a Cesare, riconoscendo l'importanza di onorare se stessi prima di tutti gli altri.

CAPITOLO 15

— Cosa promette la filosofia

Alla ricerca di una guida per risolvere un conflitto con il fratello, un uomo si rivolse a Epitteto per avere un saggio consiglio. La risposta di Epitteto fornisce una profonda comprensione dell'essenza della filosofia. Egli dichiarò che la filosofia non si preoccupa di acquisire beni materiali o di esercitare influenza sugli altri. Si concentra invece sull'allineamento del proprio io interiore con i principi della natura. Epitteto sottolineava che ogni individuo è responsabile della propria vita e delle proprie scelte, mentre le questioni esterne come le relazioni, la reputazione e la salute non rientrano nel campo della filosofia. Questo breve incontro pone le basi per una profonda esplorazione dell'arte di vivere e della coltivazione della virtù.

> Guida al mantenimento di uno Stato conforme alla natura

Quando un uomo lo consultò su come convincere il fratello a smettere di essere arrabbiato con lui, Epitteto rispose: "La filosofia non mira a far ottenere all'uomo alcun bene esterno. Se lo facesse, permetterebbe qualcosa che va oltre il suo scopo. Come il legno è il materiale per il falegname e il rame per lo scultore, così la vita di ogni uomo è il materiale per l'arte di vivere. Cosa appartiene dunque a mio fratello? Appartiene alla sua arte. Ma in relazione alla tua arte, è un possesso esterno, come un pezzo di terra, come la salute, come la reputazione. Tuttavia, la filosofia non fa promesse su queste cose. Dice invece: "In ogni circostanza, manterrò la parte dominante in accordo con la natura". Quale parte dirigente? La parte dominante della persona in cui mi trovo".

"Come posso far sì che mio fratello smetta di essere arrabbiato con me?". Portatelo da me e glielo spiegherò. Tuttavia, non ho nulla da dirvi riguardo alla sua rabbia.

Quando l'uomo che lo consultava disse: "Voglio sapere come posso mantenermi in uno stato conforme alla natura, anche se mio fratello non si riconcilia con me", Epitteto rispose: "Niente di grande si ottiene all'improvviso, proprio come l'uva o il fico. Se ora mi dici che vuoi un fico, ti dirò che ci vuole tempo. Deve prima fiorire, poi fruttificare e infine maturare. Quindi, il frutto di un fico non si perfeziona all'improvviso in una sola ora? Vi aspettereste di acquisire i frutti della mente di un uomo così rapidamente e facilmente? Non aspettatevi questo, anche se ve lo dico io".

Dalla lezione...

Non cercate cose esterne che vi appaghino. Concentratevi invece sulla coltivazione del vostro carattere interiore e sulla vita in accordo con la natura.

All'azione!

(1) Comprendere che la filosofia non mira a garantire cose esterne a una persona, ma si concentra piuttosto sul mantenimento della parte dirigente conforme alla natura.
(2) Riconoscere che l'arte di vivere riguarda la vita di ogni individuo e che i fattori esterni, come le relazioni con gli altri, non rientrano direttamente nell'ambito della filosofia.
(3) Riconoscere che la rabbia di qualcun altro, come un fratello, è una cosa esterna e non può essere controllata o influenzata dalla filosofia.
(4) Accettare che la risoluzione dei conflitti o la riconciliazione con gli altri non sono di competenza della filosofia e cercare altri mezzi o un aiuto professionale, se necessario, per affrontare tali problemi relazionali.
(5) Abbracciare la consapevolezza che lo sviluppo personale e la crescita nel vivere una vita conforme alla natura richiedono tempo e pazienza, proprio come il processo graduale di un albero da frutto che produce frutti maturi.

(6) Rendersi conto che aspettarsi risultati immediati o una rapida risoluzione per mantenere uno stato conforme alla natura è irrealistico e contrario ai principi dello sviluppo personale.

(7) Cercare una guida o un consiglio da fonti fidate o da professionisti, come Epitteto, quando si affrontano situazioni difficili o si cercano modi per mantenere il benessere personale in circostanze difficili.

CAPITOLO 16

— Della provvidenza

Di fronte alle profonde meraviglie del mondo naturale, è facile trascurare l'intricato disegno e le premurose disposizioni della natura. Mentre gli animali selvatici non hanno bisogno di ulteriori cure, gli esseri umani richiedono le necessità di cibo, vestiti e riparo. Invece di esprimere gratitudine per la nostra posizione privilegiata, spesso ci lamentiamo senza fondamento. Tuttavia, anche la più semplice delle creazioni della natura - un filo d'erba, un bicchiere di latte - dovrebbe servire a testimoniare l'intricata provvidenza di un potere superiore. Non ignoriamo il significato di queste piccole meraviglie, ma contempliamo la saggezza divina che si cela dietro ognuna di esse. Inoltre, non trascuriamo di offrire le nostre lodi e la nostra gratitudine per i doni che ci sono stati concessi e di riconoscere la responsabilità che abbiamo di preservare e onorare le distinzioni stabilite dalla natura.

La Provvidenza di Dio nella natura e l'apprezzamento delle sue opere

Non ci chiediamo se per altri animali, oltre agli esseri umani, siano previste tutte le necessità per il loro corpo. Non solo hanno cibo e bevande, ma anche letti. Non hanno bisogno di scarpe, materiali per il letto o vestiti. Noi uomini, invece, abbiamo bisogno di tutte queste cose aggiuntive. Questo perché gli animali non sono stati creati per se stessi, ma piuttosto per il servizio. Non sarebbe quindi opportuno che avessero bisogno di altre cose. Immaginate se dovessimo prenderci cura non solo di noi stessi, ma anche di bovini e asini. Dovremmo assicurarci che siano vestiti, ferrati e adeguatamente nutriti e idratati. Al contrario, come i soldati che vengono preparati per la battaglia dal loro comandante, gli animali destinati al servizio sono già equipaggiati, preparati e non necessitano di ulteriori cure. Ecco perché anche un ragazzino con un semplice bastone può guidare il bestiame.

Ma ora, invece di essere grati di non doverci prendere cura degli animali come facciamo con noi stessi, ci lamentiamo di Dio per conto nostro. Eppure, in nome di Zeus e degli dei, basterebbe una sola cosa che esiste per far riconoscere la provvidenza di Dio, almeno a chi è umile e riconoscente. E non parlatemi ora di cose grandiose, considerate solo questo: il latte è prodotto dall'erba, il formaggio è fatto con il latte e la lana proviene da pelli di animali. Chi ha fatto o inventato queste cose? "Nessuno", direte voi. Oh, che stupefacente sfacciataggine e stupidità!

Beh, lasciamo da parte le meraviglie della natura e concentriamoci sui dettagli più piccoli. C'è qualcosa di meno significativo dei peli del mento? Eppure, la natura non ha forse utilizzato questi peli nel modo più appropriato? Non li ha forse usati per distinguere tra maschi e femmine? L'aspetto di un uomo non proclama forse da lontano: "Sono un uomo, avvicinatevi a me come tale, parlatemi come tale; non c'è bisogno di altro, vedete i segni"? Allo stesso modo, per quanto riguarda le donne, la natura ha addolcito la loro voce e le ha private dei peli sul mento. Si potrebbe obiettare: "No, la specie umana avrebbe dovuto essere lasciata senza segni distintivi e ognuno di noi avrebbe dovuto dichiarare: "Sono un uomo"". Ma il segno non è forse bello e appropriato, persino venerabile? Molto più del pettine di un gallo e molto più appropriato della criniera di un leone. Per questo motivo, dobbiamo custodire i segni che Dio ci ha dato. Non dobbiamo scartarli o confondere le linee che differenziano i sessi.

Sono queste le uniche opere della Provvidenza in noi? E quali parole sono sufficienti per lodarle ed esprimere il loro vero valore? Infatti, se possediamo la comprensione, non dovremmo fare altro che cantare inni e benedire la divinità come collettività e individualmente, e parlare della sua benevolenza? Non dovremmo cantare questo inno a Dio mentre siamo impegnati in lavori come scavare, arare e persino mangiare? "Grande è Dio, che ci ha concesso gli strumenti per coltivare la terra; grande è Dio, che ci ha donato le mani, la capacità di consumare, uno stomaco, una crescita invisibile, e il potere di respirare mentre dormiamo". Questo è ciò che dovremmo cantare in ogni occasione, e cantare l'inno più grande e più divino per averci concesso la capacità di comprendere queste cose e di utilizzarle in modo appropriato. Pertanto, poiché molti di voi hanno perso la vista, non dovrebbe esserci qualcuno che assuma questo ruolo e canti l'inno a Dio a nome di tutti? Perché cos'altro posso fare, come uomo anziano e disabile, se non cantare inni a Dio? Se fossi un usignolo, mi esibirei come tale; se fossi un cigno, farei altrettanto. Tuttavia, sono un essere razionale e quindi devo lodare Dio. Questo è il mio dovere, lo compio e non abbandonerò questa posizione finché mi sarà permesso di mantenerla. Vi incoraggio a unirvi a questo stesso canto.

> **Dalla lezione...**
>
> Dovremmo essere grati per le molte provvidenze e distinzioni che la natura ci ha concesso e dovremmo cantare inni che lodino Dio per le sue benedizioni in ogni aspetto della nostra esistenza.

> **All'azione!**
>
> (1) Ringraziare per le provviste che ci vengono fornite, come cibo, bevande, vestiti e riparo, e riconoscere che abbiamo il privilegio di non doverci prendere cura degli animali allo stesso modo.
> (2) Invece di lamentarci delle nostre situazioni, riconosciamo la provvidenza di Dio e apprezziamo le piccole ma straordinarie cose della natura, come il latte dall'erba, il formaggio dal latte e la lana dalle pelli.
> (3) Apprezzare il disegno della natura, anche nei piccoli dettagli come i peli del mento, che distinguono tra maschi e femmine, e riconoscere la bellezza e lo scopo dietro queste distinzioni naturali.
> (4) Cantiamo inni e benediciamo la divinità per mostrare gratitudine per i benefici e le provvidenze che riceviamo, sia che si tratti di lavorare, mangiare o di qualsiasi altra attività quotidiana.

(5) Comprendere il valore della nostra razionalità e della capacità di comprendere e usare le cose in modo appropriato, e usarla come un'opportunità per lodare Dio.

(6) Incoraggiate gli altri a unirsi al canto degli inni e a esprimere gratitudine a Dio.

CAPITOLO 17

— Che l'arte logica è necessaria

La ragione, in quanto facoltà che analizza e perfeziona tutto il resto, ha bisogno della propria analisi. Sorge allora la domanda: la ragione deve essere analizzata da se stessa o da qualcosa di superiore? Quest'ultima opzione si rivela impossibile, lasciando che la ragione analizzi se stessa. Tuttavia, c'è l'urgenza di affrontare e correggere le nostre opinioni e convinzioni. Questa urgenza ci porta all'importanza della logica, che ha il potere di distinguere, esaminare, misurare e pesare altre cose. Ma prima di addentrarci nella logica, è fondamentale comprendere la volontà della natura, un compito che spetta all'interprete della natura. In questa esplorazione cerchiamo non solo di comprendere gli insegnamenti di Crisippo ma anche, cosa più significativa, di cogliere l'essenza della natura stessa.

Il potere della ragione e la comprensione della natura

Poiché la ragione è la facoltà che analizza e perfeziona le altre facoltà, e poiché essa stessa non dovrebbe mancare di essere analizzata, perché dovrebbe essere analizzata? Infatti, è evidente che ciò deve essere fatto o da sé stessa o da un'altra cosa. O, dunque, quest'altra cosa è la ragione, o un'altra cosa superiore alla ragione, il che è impossibile. Ma se è la ragione, chi analizzerà questa ragione? Perché se quella ragione fa questo per sé, anche la nostra ragione può farlo. Ma se richiedessimo qualcos'altro, la cosa andrebbe avanti all'infinito e non avrebbe fine. La ragione, quindi, si analizza da sola.

CAPITOLO 17 — Che l'arte logica è necessaria

"Sì, ma è più urgente curare (le nostre opinioni) e cose simili". Volete allora ascoltare queste cose? Ascoltate. Ma se tu dovessi dire: "Non so se stai argomentando in modo vero o falso", e se io dovessi esprimermi in modo ambiguo, e tu dovessi dirmi: "Distingui", non ti sopporterò più e ti dirò: "È più urgente". Questo è il motivo, suppongo, per cui mettono al primo posto l'arte logica, come nella misurazione del grano mettiamo al primo posto l'esame della misura. Ma se non stabiliamo prima cosa è un modius e cosa è una bilancia, come potremo misurare o pesare qualcosa? In questo caso, dunque, se non abbiamo appreso ed esaminato con precisione il criterio di tutte le altre cose, in base al quale si apprendono le altre cose, potremo esaminare con precisione e apprendere pienamente qualsiasi altra cosa? "Sì, ma il modius è solo legno e una cosa che non produce frutti". Ma è un oggetto che può misurare il grano. "Anche la logica non produce frutti". Questo lo vedremo: ma anche se un uomo dovesse dire questo, è sufficiente che la logica abbia il potere di distinguere ed esaminare altre cose e, come dire, di misurarle e pesarle. Chi lo dice? Solo Crisippo, Zenone e Cleante? E non lo dice forse Antistene? E chi è che ha scritto che l'esame dei nomi è l'inizio dell'educazione? E non lo dice forse Socrate? E di chi scrive Senofonte che ha iniziato con l'esame dei nomi, cosa significava ogni nome? È dunque questa la grande e meravigliosa cosa da capire o interpretare di Crisippo? Chi lo dice? Qual è allora la cosa meravigliosa? Comprendere la volontà della natura. E allora la capisci tu stesso con le tue forze? E cosa ti serve di più? Perché se è vero che tutti gli uomini sbagliano involontariamente, e tu hai imparato la verità, per forza di cose devi agire bene. "Ma in verità, io non apprendo la volontà della natura". Chi ci dice allora qual è?

Dicono che si tratta di Crisippo. Procedo e mi informo su ciò che dice questo interprete della natura. Comincio a non capire quello che dice, così cerco un interprete di Crisippo. "Bene, considera come questo è detto, proprio come se fosse detto in lingua romana". Che cos'è dunque questa arroganza dell'interprete? Non c'è arroganza che possa essere giustamente attribuita a Crisippo, se egli si limita a interpretare la volontà della natura ma non la segue in prima persona, e questo vale ancora di più per il suo interprete. Non abbiamo bisogno di Crisippo per se stesso, ma per capire la natura. Anche l'indovino non ci serve per se stesso, ma perché crediamo che attraverso di lui conosceremo il futuro e capiremo i segni dati dagli dei. Allo stesso modo, non abbiamo bisogno dei visceri degli animali per se stessi, ma perché servono come segni. E non ci meravigliamo del corvo o della cornacchia in sé, ma di Dio, che dà segni attraverso di loro.

Poi vado dalla persona che può spiegare queste cose e da quella che esegue i riti sacrificali. Chiedo loro: "Per favore, esaminate gli organi interni per me e informatemi sui segni che rivelano". L'individuo prende gli organi interni, li apre e ne interpreta il significato. Dice: "Essere umano, tu possiedi una volontà che è naturalmente illimitata e libera da influenze esterne. Questo è evidente da ciò che vedo qui negli organi interni. Permettetemi di dimostrarlo prima di tutto in relazione all'atto di assenso. Qualcuno può impedirvi di essere d'accordo con la verità? Nessuno può. Qualcuno può costringervi ad accettare le falsità? Nessuno può. Potete osservare che sotto questo aspetto la vostra volontà è libera, indipendente e non ostacolata". Consideriamo ora il desiderio e il perseguimento di un obiettivo. È diverso? Che cosa può ostacolare il vostro perseguimento se non un altro perseguimento? E cosa può influenzare i vostri desideri e le vostre avversioni se non altri desideri e altre avversioni? Tuttavia, potreste obiettare: "Se mi presentate la paura della morte, mi state costringendo". No, ciò che vi costringe non è ciò che vi viene presentato, ma la vostra convinzione che sia meglio compiere una determinata azione piuttosto che morire. Pertanto, è la vostra opinione che vi costringe - una volontà che costringe un'altra. Se Dio avesse fatto la parte di sé che ci ha donato in modo tale da poter essere ostacolata o costretta da lui stesso o da chiunque altro, allora non sarebbe un vero Dio e non si starebbe prendendo cura di noi come dovrebbe. "Questo", dice l'indovino, "è ciò che discerno dagli animali sacrificali: questi sono i messaggi che vi vengono trasmessi. Se scegliete, siete liberi; se scegliete, non incolpate nessuno, né ritenete nessuno responsabile. Tutto sarà in accordo con la vostra mente e con la mente di Dio". È per questa

CAPITOLO 17 — Che l'arte logica è necessaria

divinazione che consulto sia il rabdomante che il filosofo, non perché ammiri l'interprete, ma perché ammiro le idee interpretate.

Dalla lezione...

Analizzate e perfezionate il vostro ragionamento, cogliete i desideri della natura ed esercitate la vostra libertà di perseguire la verità e di abbracciare azioni che si allineano ai vostri valori fondamentali.

All'azione!

(1) Analizzare la ragione e determinare la sua natura: se può essere analizzata da sola o da qualcos'altro.
(2) Esaminare l'arte logica e la sua capacità di distinguere ed esaminare altre cose.
(3) Comprendere la volontà della natura e le sue implicazioni per l'azione umana.
(4) Cercare e comprendere le interpretazioni di Crisippo sulla volontà della natura.
(5) Interrogare l'interprete di Crisippo e chiedere chiarimenti sulla sua comprensione.
(6) Riflettere sulla natura dell'interpretazione e sul fatto che essa porti a una vera comprensione della natura.
(7) Consultate gli indovini e i filosofi per comprendere la volontà della natura e le sue implicazioni sulla libertà di scelta personale.
(8) Considerare il significato dei segni e delle interpretazioni per comprendere la volontà divina.
(9) Riflettere sul ruolo delle opinioni nel costringere o ostacolare la volontà e il desiderio personale.
(10) Riconoscere che la facoltà di volere è libera da ostacoli e costrizioni, come dimostra l'incapacità di altri di forzare l'assenso a false credenze.
(11) Contemplare l'interazione tra desiderio e ricerca, e la possibilità che un desiderio o un'avversione ne superino un altro.
(12) Capire che la paura della morte non è una costrizione diretta, ma piuttosto la nostra opinione che certe azioni siano preferibili alla morte.

(13) Riflettere sul ruolo di Dio e sulla sua cura per l'umanità, come dimostra la natura della nostra volontà e la sua capacità di essere libera da costrizioni.

(14) Riconoscere la libertà di scelta e la responsabilità che ne deriva, senza incolpare o addebitare ad altri le nostre azioni.

(15) Sottolineare l'allineamento della volontà personale con la mente di Dio come uno stato desiderabile.

CAPITOLO 18

— Che non dobbiamo arrabbiarci per gli errori degli altri

Nella loro esplorazione del comportamento e delle emozioni umane, i filosofi propongono che gli individui siano guidati da alcuni principi, tra cui la persuasione dell'assenso, del dissenso o della sospensione del giudizio. Allo stesso modo, per quanto riguarda i nostri desideri e le nostre azioni, questi filosofi sostengono che siamo motivati dalla convinzione che qualcosa sia vantaggioso per noi. Tuttavia, se le cose stanno così, perché ci ritroviamo ad arrabbiarci con gli altri che hanno opinioni diverse o che compiono azioni che contraddicono le nostre? Questo capitolo stimolante mette in discussione la nostra tendenza a giudicare e condannare gli altri, invitandoci a riflettere se sia più compassionevole compatire chi ha convinzioni sbagliate o cercare di guidarlo verso una maggiore comprensione.

> Il potere dell'autocontrollo: Superare la rabbia e valorizzare l'immutabile

Se è vero ciò che dicono i filosofi, che tutti gli uomini hanno un unico principio, come nel caso dell'assenso la persuasione che una cosa è così, e nel caso del dissenso la persuasione che una cosa non è così, e nel caso di una sospensione di giudizio la persuasione che una cosa è incerta, così anche nel caso di un movimento verso qualcosa la persuasione che una cosa è per il vantaggio di un uomo, ed è impossibile pensare che una cosa sia vantaggiosa e desiderarne un'altra, e giudicare una cosa come appropriata e muoversi verso un'altra, perché allora siamo arrabbiati con i molti? "Sono ladri e rapinatori", direte voi. Che cosa intendete per ladri e rapinatori? "Si sbagliano sul bene e sul male". Dobbiamo quindi arrabbiarci con loro o compatirli? Ma mostrate loro l'errore e vedrete come desisteranno dai loro errori. Se non vedono i loro errori, non hanno nulla di superiore alla loro opinione attuale.

"Questo ladro e adultero non dovrebbe essere distrutto?". Assolutamente no, ma piuttosto parliamo in questo modo: "Non dovremmo distruggere quest'uomo che si è sbagliato e ingannato sulle questioni più cruciali, e che non è cieco nella sua percezione visiva di distinguere il nero dal bianco, ma nella sua percezione morale di distinguere il bene dal male?". Esprimendosi in questo modo, ci si rende conto di quanto sia disumano dire una cosa del genere, come se si suggerisse: "Non dovremmo distruggere quest'uomo cieco e sordo?". Tuttavia, se il danno maggiore è la privazione delle cose più significative, e l'aspetto più significativo in ogni individuo è la sua volontà o la sua scelta, come dovrebbe essere, e se una persona viene privata di questa volontà, perché allora dovreste essere arrabbiati con lei? L'uomo non dovrebbe essere influenzato negativamente dalle azioni sbagliate di un altro contro natura. Piuttosto, abbiate pietà di loro, lasciate perdere questa disponibilità all'offesa e all'odio e astenetevi dall'usare le parole che la maggioranza proclama: "Questi maledetti e odiosi".

Come hai fatto a diventare improvvisamente così saggio? E perché ti arrabbi così facilmente? Perché siamo arrabbiati, allora? Forse perché diamo tanto valore alle cose che questi individui ci rubano? Non ammirate i vostri vestiti e non vi arrabbierete con il ladro. Non ammirate la bellezza di vostra moglie e non vi arrabbierete con l'adultero. Imparate che il ladro e l'adultero non hanno diritto alle cose che vi appartengono, ma piuttosto a quelle che appartengono ad altri e che sfuggono al vostro controllo. Se ignorate queste cose e le considerate insignificanti, con chi sarete ancora arrabbiati? Ma finché darete valore a queste cose, arrabbiatevi con voi stessi piuttosto che con il ladro e l'adultero. Considerate la questione in questo modo:

voi avete dei bei vestiti, mentre il vostro vicino non li ha. Avete una finestra e volete arieggiare i vostri vestiti. Il ladro non capisce che cosa costituisca il bene di una persona, ma crede che stia nell'avere dei bei vestiti, come credete anche voi. Quindi, non deve portarveli via? Quando mostrate un dolce a persone avide e lo consumate tutto voi stessi, non vi aspettate che ve lo portino via? Non provocarli, non avere una finestra, non arieggiare i tuoi vestiti. Di recente ho fatto mettere una lampada di ferro accanto alla mia divinità domestica. Quando ho sentito un rumore alla porta, mi sono precipitato al piano di sotto e ho scoperto che la lampada era stata presa. Mi sono reso conto che la persona che aveva preso la lampada non aveva fatto nulla di strano. E allora? Domani, pensai, troverai una lampada di terra, perché una persona perde solo ciò che possiede. "Ho perso la mia veste". Il motivo è che avevi un indumento. "Ho mal di testa". Avete un dolore alle corna? Allora perché sei arrabbiato? Perché perdiamo solo cose e soffriamo per le cose che possediamo.

Ma il tiranno incatenerà. Cosa? La gamba. La porterà via. Cosa? Il collo. Che cosa non incatenerà e non porterà via? La volontà. Ecco perché gli antichi insegnavano la massima: "Conosci te stesso". Pertanto, dovremmo esercitarci nelle piccole cose e, partendo da queste, procedere verso le più grandi. "Ho un dolore alla testa". Non dire: "Ahimè!". "Ho dolore all'orecchio". Non dire: "Ahimè!". E non dico che non vi sia permesso di gemere, ma non gemete interiormente; e se il vostro schiavo tarda a portare una fasciatura, non gridate e non vi tormentate, dicendo: "Tutti mi odiano"; perché chi non odierebbe un uomo simile? Per il futuro, basandoti su queste opinioni, cammina eretto, libero; non fidarti della grandezza del tuo corpo, come un atleta, perché un uomo non deve essere invincibile come lo è un asino.

Chi è dunque l'invincibile? È colui che rimane indisturbato da tutto ciò che non è sotto il suo controllo. Mentre considero ogni circostanza, vedo che questo è esemplificato nell'atleta. Hanno ottenuto la vittoria nella prima gara, ma che dire della seconda? E se le condizioni sono sfavorevoli? E se si tratta del prestigioso evento di Olympia? Allo stesso modo, in questo caso, se si offrisse loro del denaro, lo rifiuterebbero. Ora immaginate di mettere sulla loro strada

CAPITOLO 18 — Che non dobbiamo arrabbiarci per gli errori degli altri

una giovane ragazza. E allora? E se si trovasse nell'oscurità? E se dovessero affrontare critiche o elogi? E se dovessero affrontare la morte? Supereranno tutto. Che sia al caldo o sotto la pioggia, in uno stato d'animo cupo o mentre dorme, ne uscirà comunque trionfante. Questo è il mio atleta imbattibile.

Dalla lezione...

Non permettete che le circostanze esterne e le azioni degli altri suscitino in voi rabbia e odio; favorite invece la comprensione e l'empatia e concentratevi sulla coltivazione della vostra volontà e della vostra forza interiore.

All'azione!

(1) Riflettere sul principio che tutti gli uomini hanno, che comprende l'assenso, il dissenso e la sospensione del giudizio.
(2) Interrogarsi sul perché ci arrabbiamo con gli altri che hanno opinioni o convinzioni diverse sul bene e sul male.
(3) Invece della rabbia, considerate la pietà per coloro che si sono sbagliati o sono stati ingannati.
(4) Cercare di mostrare agli altri i loro errori e aiutarli a cambiare prospettiva.
(5) Evitare la disumanità di voler distruggere o danneggiare gli altri a causa dei loro errori o della loro cecità nel comprendere il bene e il male.
(6) Riconoscere che il danno maggiore per una persona è la privazione della propria volontà o scelta.
(7) Non lasciatevi influenzare dalle cattive azioni degli altri, contrariamente alla natura.
(8) Abbandonate la voglia di offendere o di odiare ed evitate di usare termini dispregiativi per descrivere gli altri.
(9) Dare meno valore alle cose per non arrabbiarsi quando qualcuno le porta via.
(10) Rendetevi conto che i beni e i fattori esterni non definiscono il vostro valore o la vostra felicità.
(11) Comprendete che le persone che vi fanno del male o vi sottraggono qualcosa sono alla ricerca di ciò che percepiscono come buono, proprio come voi.

CAPITOLO 18 — Che non dobbiamo arrabbiarci per gli errori degli altri

(12) Non provocate gli altri ostentando ciò che desiderano, come abiti o beni di pregio.
(13) Praticate il distacco dalle cose esterne e concentratevi su ciò che è veramente in vostro potere.
(14) Si consideri che perdere le cose e provare dolore è naturale quando si possiede qualcosa da perdere.
(15) Riconoscete che nessuno può togliervi la volontà o la scelta, che rimane sotto il vostro controllo.
(16) Abbracciate la massima "Conosci te stesso" ed esercitate il controllo sulle vostre reazioni alle piccole cose prima di passare a sfide più grandi.
(17) Non lamentatevi eccessivamente e non tormentatevi per piccoli inconvenienti o per la mancanza di assistenza immediata.
(18) Non date la colpa agli altri e non pensate che tutti vi odino quando le cose non vanno come previsto.
(19) Camminare dritti e liberi, non contando sulla forza fisica o sull'invincibilità, ma sul potere della volontà.
(20) Sforzatevi di essere invincibili, non permettendo alle circostanze esterne di disturbare la vostra pace interiore.
(21) Emulare l'esempio di un atleta che rimane vittorioso nonostante le varie sfide.
(22) Esercitarsi a superare gli ostacoli, come la tentazione del denaro o il fascino del piacere o della lode.
(23) Preparatevi ad affrontare circostanze difficili, come il buio, le critiche o persino la morte, con resilienza e determinazione.
(24) Dominare le proprie emozioni e reazioni anche in condizioni difficili come il caldo, la pioggia, la malinconia o la sonnolenza.
(25) L'obiettivo è diventare un individuo invincibile, in grado di vincere qualsiasi circostanza grazie alla forza della propria volontà.

CAPITOLO 19

— Come comportarsi con i tiranni

Nella ricerca della superiorità, gli individui sono spesso vittime di un ego gonfiato e di una percezione errata del potere. Questo estratto analizza la mentalità di coloro che credono di possedere autorità quando, in realtà, non ne hanno. L'autore si interroga sulla reale portata dell'influenza di una persona e sottolinea l'importanza della cura e della considerazione di sé. Esaminando le dinamiche tra i governanti e i loro sudditi e la natura del nostro attaccamento a noi stessi, il testo sfida l'idea che le forze esterne possano davvero disturbare o ostacolare la nostra libertà innata. In definitiva, afferma che sono le nostre opinioni, in particolare su questioni che sfuggono al nostro controllo, a causare turbolenze interiori.

Il potere del rispetto di sé e dell'assunzione di responsabilità

Se una persona crede di possedere una qualsiasi forma di superiorità, anche quando non ce l'ha, se non ha un'educazione adeguata, diventerà inevitabilmente arrogante per questo motivo. Per esempio, un tiranno potrebbe dichiarare: "Sono il sovrano di tutto". Ma cosa possono fare veramente per me? Possono fornirmi un desiderio che non sia ostacolato? Come potrebbero? Possiedono la capacità infallibile di evitare ciò che desiderano evitare? Possono muoversi verso un obiettivo senza commettere errori? E se sì, come fanno a possedere questo potere? Ora, lasciate che vi chieda questo: quando siete su una nave, vi fidate di voi stessi o del timoniere per

CAPITOLO 19 — Come comportarsi con i tiranni

navigare? E quando siete su una carrozza, di chi vi fidate se non del conducente? È così anche in tutti gli altri campi. Allora, dove si trova veramente il vostro potere? "Tutti mi rispettano", potreste dire. Ebbene, anch'io porto rispetto al mio piatto: lo lavo e lo pulisco. E per il bene della mia fiaschetta d'olio, infilo persino un chiodo nel muro. Quindi, queste cose sono superiori a me? No, semplicemente soddisfano alcuni dei miei bisogni e per questo me ne prendo cura. Ora, non mi occupo forse del mio asino? Non gli lavo i piedi e non lo pulisco? Non vi rendete conto che ogni persona considera se stessa come considera voi, allo stesso modo in cui considera il proprio asino? Chi ti considera veramente un essere umano? Mostratemi. Chi aspira a diventare come te? Chi ti imita come la gente imita Socrate? "Ma io posso toglierti la vita", potreste dire. Avete ragione. Avevo dimenticato che dovrei considerarti allo stesso modo in cui considererei una febbre o una malattia, e forse anche costruire un altare per te, simile all'altare dedicato alla febbre a Roma.

Cos'è allora che disturba e terrorizza le masse? È il tiranno e le sue guardie? Spero sinceramente di no. È semplicemente impossibile che qualcosa che è intrinsecamente libero possa essere disturbato o ostacolato da qualcosa di diverso da sé. Sono piuttosto le convinzioni e le opinioni di una persona a disturbarla. Per esempio, quando un tiranno minaccia di incatenare la gamba di un uomo, l'uomo che dà valore alla gamba chiede pietà. Tuttavia, l'uomo che dà valore alla propria volontà dice: "Se ti sembra più vantaggioso, incatenala pure". "Non ti interessa?" Semplicemente non mi interessa. "Ti dimostrerò che sono io a comandare". Non puoi farlo. Zeus mi ha liberato - pensi che permetterebbe che il suo stesso figlio sia ridotto in schiavitù? Ma tu sei il padrone del mio corpo fisico, quindi prendilo. "Quindi, quando ti avvicini a me, non hai alcun riguardo per me?". No, ma ho rispetto per me stesso. E se vuoi che ti dica che ho riguardo anche per te, posso solo dirti che ho per te lo stesso riguardo che ho per la mia pentola.

Non si tratta di una strana ossessione per se stessi, perché l'animale è progettato per svolgere tutti i compiti a proprio vantaggio. Anche il sole svolge tutti i compiti a suo beneficio, e persino Zeus stesso. Tuttavia, quando Zeus sceglie di fornire pioggia e frutti e di essere il

CAPITOLO 19 — Come comportarsi con i tiranni

Padre degli dei e degli uomini, può svolgere questi ruoli e possedere questi titoli solo se è utile all'umanità. In effetti, la natura dell'animale razionale è tale che non può soddisfare nessuno dei suoi interessi individuali se non contribuisce all'interesse comune. In questo modo, non è asociale che una persona faccia tutto per se stessa. Cosa vi aspettate? Una persona dovrebbe trascurare se stessa e i propri interessi? E se così fosse, come potrebbe esistere un unico principio valido per tutti gli animali, il principio dell'attaccamento a se stessi?

E allora? Quando alla base delle nostre opinioni ci sono nozioni assurde su cose indipendenti dalla nostra volontà, come se fossero buone e cattive, dobbiamo necessariamente avere riguardo per i tiranni. Vorrei che gli uomini tenessero conto solo dei tiranni e non anche degli uomini di camera. Come mai un uomo diventa improvvisamente saggio quando Cesare lo nomina sovrintendente dello sgabello? Com'è possibile che si dica subito: "Felicita mi ha parlato in modo sensato"? Vorrei che fosse allontanato dalla camera da letto, in modo da apparire ancora una volta sciocco ai vostri occhi. Epafrodito aveva un calzolaio che vendette perché il calzolaio non era buono a nulla. Fortunatamente, questo individuo fu comprato da uno degli uomini di Cesare e divenne il calzolaio di Cesare. Avreste dovuto vedere il rispetto che Epafrodito gli portava: "Come sta il buon Felicita, di grazia?". Poi, se qualcuno di noi avesse chiesto: "Cosa sta facendo il padrone?", la risposta sarebbe stata: "Si sta consultando su qualcosa con Felicion". Ma non aveva venduto l'uomo perché ritenuto inutile? Chi lo ha reso improvvisamente saggio? Questo è un esempio di valutazione di qualcosa di diverso dalle cose che dipendono dalla volontà.

Un uomo è mai stato elevato alla carica di tribuno? Tutti quelli che lo incontrano si congratulano con lui; uno gli bacia gli occhi, un altro il collo e gli schiavi gli baciano le mani. Quando arriva a casa sua, trova le fiaccole già accese. Poi si dirige verso il Campidoglio, dove offre un sacrificio per celebrare l'occasione. Ma chi ha mai fatto un sacrificio per avere buone intenzioni? Per aver agito secondo natura? In realtà, noi ringraziamo gli dei per le cose che consideriamo buone.

CAPITOLO 19 — Come comportarsi con i tiranni

Oggi qualcuno discuteva con me del sacerdozio di Augusto. Gli ho detto: "Amico, lascia perdere. Spenderesti molto senza motivo". Ma lui ha risposto: "Chi scrive accordi mette qualsiasi nome". Allora, sostenete coloro che li leggono e dite loro: "C'è scritto il mio nome"? E se ora potete essere presenti in queste occasioni, cosa farete quando sarete morti? "Il mio nome resterà". Scrivilo su una pietra e resterà. Ma dimmi, quale ricordo di te rimarrà oltre Nicopoli? "Ma indosserò una corona d'oro". Se proprio vuoi una corona, prendine una di rose e indossala. Sarà più elegante.

Dalla lezione...

Non permettete a falsi concetti di superiorità o a circostanze esterne di dettare la vostra autostima e felicità; date priorità al vostro benessere, agite in linea con la natura e date valore a ciò che conta davvero.

All'azione!

(1) Riflettere sulla propria superiorità e chiedersi se sia basata su capacità reali o solo su un ego gonfiato.
(2) Riconoscere che il vero potere risiede nella capacità di controllare i propri desideri e le proprie azioni, piuttosto che affidarsi a fattori esterni.
(3) Identificate le cose che vi danno veramente valore e prendetevene cura, invece di farvi influenzare dalle aspettative della società o dagli attaccamenti superficiali.
(4) Capire che la considerazione di ciascuno per gli altri è basata principalmente sull'interesse personale e non deve essere scambiata per autentico rispetto o ammirazione.
(5) Sfidare nozioni assurde e false credenze su ciò che è buono e cattivo, in particolare in relazione a cose che sfuggono al proprio controllo.
(6) Evitate di dare importanza a titoli, posizioni o riconoscimenti esterni, perché non riflettono necessariamente la vera saggezza o il vero valore.
(7) Concentratevi sullo sviluppo di buoni desideri e sull'allineamento delle azioni con la natura, piuttosto che cercare conferme o lodi esterne.

(8) Riconoscere che la vera gratitudine dovrebbe essere rivolta a cose che contribuiscono al proprio benessere e al bene comune, piuttosto che a meri status symbol o risultati.

(9) Astenersi dalla ricerca di convalida attraverso simboli o posizioni esterne, poiché non definiscono il vero valore o l'eredità di una persona.

(10) Considerate la caducità dei risultati terreni e concentratevi sulla coltivazione di virtù e qualità che avranno un impatto duraturo.

CAPITOLO 20

— Sulla ragione, come contempla se stessa

Questo capitolo approfondisce la natura delle varie arti e facoltà e la loro capacità di auto-riflessione. Sottolinea che un'arte o una facoltà può contemplare se stessa se appartiene alla stessa categoria degli oggetti che contempla. Se invece appartiene a una categoria diversa, non ha questa capacità. L'autore evidenzia lo scopo della ragione come corretto utilizzo delle apparenze e come la ragione stessa sia una struttura composta da alcune apparenze. Il testo esplora anche il significato di buon senso, mancanza di senso e l'importanza di esaminare le apparenze. Conclude suggerendo che il raggiungimento della maestria in qualsiasi arte richiede un'ampia preparazione, uno sforzo e uno studio.

L'importanza di un'attenta considerazione ed esame in filosofia

Ogni arte e facoltà contempla in modo particolare alcune cose. Quando è dello stesso tipo degli oggetti che contempla, deve contemplare anche se stessa. Quando invece è di tipo diverso, non può contemplare se stessa. Per esempio, l'arte del calzolaio è usata sulle pelli, ma è completamente distinta dal materiale delle pelli. Pertanto, non contempla se stessa. Allo stesso modo, l'arte del grammatico è usata con il linguaggio articolato; l'arte stessa diventa il linguaggio articolato? No, non lo fa. Per questo motivo, non può contemplare se stessa.

Ora, la ragione. Per quale scopo è stata data dalla natura? Per il giusto uso delle apparenze. Che cos'è la ragione in sé? Un sistema di certe apparenze. Quindi, per sua natura, ha la facoltà di contemplare se stessa. Di nuovo, il buon senso. Che cosa ci appartiene contemplare? Il bene e il male, e le cose che non sono né l'uno né l'altro. Che cos'è il senso profondo in sé? Il bene. E la mancanza di senso, che cos'è? Il male. Vedete dunque che il senso sano contempla necessariamente sia se stesso che il suo contrario? Per questo motivo, il compito principale e più importante di un filosofo è quello di esaminare le apparenze, di distinguerle e di non accettarne nessuna senza averla esaminata.

Anche nella questione della moneta, in cui il nostro interesse sembra essere in qualche modo coinvolto, abbiamo inventato un'arte e ci sono molti metodi che il saggiatore usa per testare il valore della moneta: la vista, il tatto, l'olfatto e, infine, l'udito. Il saggiatore lancia la moneta e ascolta il suono che produce. Non si accontenta di un solo suono, ma grazie a un'attenta cura diventa un musicista. Allo stesso modo, quando crediamo che ci sia una differenza significativa tra l'essere in errore e il non esserlo, prestiamo grande attenzione a scoprire le cose che possono ingannarci. Ma quando si tratta della nostra misera facoltà di governare, sbadigliare e dormire, accettiamo con noncuranza ogni apparenza perché non notiamo il danno.

Perciò, se volete sapere quanto siete incuranti del bene e del male e quanto siete attivi per le cose indifferenti, osservate come vi sentite quando vi viene tolta la vista e vi ingannano. Vi accorgerete che siete ben lontani dal sentire come dovreste il bene e il male. "Ma questa è una questione che richiede molta preparazione, lavoro e studio". Ebbene, vi aspettate di acquisire la più grande delle arti con poco sforzo? Eppure, gli insegnamenti principali dei filosofi sono concisi. Se volete saperlo, leggete gli scritti di Zenone e vedrete. Bastano poche parole per dire che lo scopo dell'uomo è seguire gli dei e che la natura del bene è l'uso corretto delle apparenze. Tuttavia, se si chiede "Che cos'è 'Dio', che cos'è 'apparenza', che cos'è 'particolare' e che cos'è 'natura universale'?", allora sono necessarie molte parole. Se Epicuro venisse a dire che il bene deve essere nel corpo, anche in questo caso sarebbero necessarie molte parole. Bisognerebbe insegnarci qual è il principio guida in noi, cosa è fondamentale e sostanziale. Così come è improbabile che il bene di una lumaca sia nel suo guscio, è forse probabile che il bene di un uomo sia nel corpo? Ma tu, Epicuro, possiedi qualcosa di meglio. Che cosa c'è in te che delibera, esamina tutto e formula giudizi sul corpo stesso, che è la parte più importante? E perché accendi la tua lampada e lavori per noi, e scrivi così tanti libri? È forse perché non restiamo nell'ignoranza della verità, di chi siamo e di cosa siamo per voi? La discussione richiede quindi molte parole.

Dalla lezione...

Esaminare e mettere in discussione le proprie convinzioni e percezioni per comprendere con precisione la natura del bene, del male e del mondo che ci circonda.

All'azione!

(1) Esaminare le apparenze e distinguerle prima di accettarle.
(2) Prestare grande attenzione alla scoperta di ciò che può ingannare.
(3) Considerate attentamente il bene e il male e come vi sentite al riguardo.
(4) Esercitarsi a prestare attenzione ai danni che possono derivare dalla negligenza nei pensieri e nelle azioni.
(5) Prepararsi, lavorare e studiare per acquisire la più grande delle arti.
(6) Leggete gli scritti di Zenone per comprendere la principale dottrina dei filosofi.
(7) Cercare di comprendere i concetti di "Dio", "apparenza", "particolare" e "natura universale".
(8) Comprendere il principio guida dentro di sé e ciò che forma i giudizi sul corpo.
(9) Riflettete ed esaminate tutto per comprendere la verità su chi siete.

CAPITOLO 21

— Contro coloro che vogliono essere ammirati

Nel perseguire una vita appagata e soddisfacente, bisogna riconoscere l'importanza di mantenere il proprio posto nella società. Non c'è bisogno di desiderare ciò che si trova al di là della propria posizione. Concentratevi invece sull'allineamento dei vostri desideri e delle vostre azioni con la natura, utilizzando movimenti naturali e prendendo decisioni mirate. Non è necessario vantarsi o cercare l'ammirazione degli altri, soprattutto se sono considerati pazzi. Abbracciate un approccio umile e razionale e abbandonate il bisogno di conferme esterne.

> Vivere nei limiti delle proprie possibilità: Abbracciare la contentezza nella vita

Quando un uomo mantiene la sua giusta posizione nella vita, non desidera cose al di fuori di essa. Uomo, che cosa speri? "Sono soddisfatto se desidero ed evito in accordo con la natura, se mi muovo verso e lontano da un oggetto come sono naturalmente portato a fare, e se agisco con scopo e intenzione e do il mio consenso". Allora perché si pavoneggia, come se avesse raggiunto qualcosa di straordinario? "Ho sempre desiderato che chi mi incontra mi ammiri e che chi mi segue proclami: "Oh, il grande filosofo!"". Ma chi sono queste persone da cui desiderate essere ammirati? Non sono forse

CAPITOLO 21 — Contro coloro che vogliono essere ammirati

proprio quelle che spesso descrivete come pazze? Allora, desiderate davvero essere ammirati dai pazzi?

Dalla lezione...

Mantenete il posto che vi spetta nella società, trovate la soddisfazione in voi stessi e astenetevi dal cercare l'ammirazione di coloro che sono sciocchi o pazzi.

All'azione!

(1) Concentratevi sul raggiungimento della vostra giusta posizione nella vita, invece di preoccuparvi di desideri che vanno oltre.

(2) Allineate i vostri desideri e le vostre azioni con ciò che è in accordo con la natura.

(3) Accettate e abbracciate le vostre inclinazioni e i vostri istinti naturali nei confronti di oggetti e situazioni.

(4) Avere chiari gli scopi, le intenzioni e le convinzioni e dare il proprio pieno consenso.

(5) Evitare la tendenza a mettersi in mostra o a comportarsi in modo superiore di fronte agli altri.

(6) Non cercate l'ammirazione di persone considerate irragionevoli o folli.

(7) Riconsiderate il valore della ricerca dell'ammirazione e concentratevi invece sul miglioramento di voi stessi.

CAPITOLO 22

— Sulle precognizioni

Nell'ambito dell'esistenza umana, il concetto di precognizione e il suo rapporto con le convinzioni e le azioni personali hanno suscitato innumerevoli dibattiti e controversie nel corso della storia. Sebbene sia ampiamente accettato che la bontà e la giustizia siano ideali da perseguire, il disaccordo sorge quando gli individui cercano di applicare le loro convinzioni a situazioni specifiche. Questo conflitto è evidente nei conflitti storici tra culture diverse e persino nella leggendaria disputa tra Agamennone e Achille. Tali controversie mettono in luce l'importanza dell'educazione e sottolineano la necessità di allineare la nostra comprensione innata di ciò che è bene con la realtà delle nostre circostanze individuali. È in questo contesto che il vero filosofo intraprende una ricerca per scoprire la natura del bene e del male, navigando nelle complessità dell'esistenza umana con una ricerca incessante di saggezza e comprensione.

La disputa sulle precognizioni e la natura del bene

Le precognizioni sono comuni a tutti gli uomini, e la precognizione non è in contraddizione con la precognizione. Infatti, chi di noi non suppone che il Bene sia utile e idoneo, e che in ogni circostanza dovremmo seguirlo e perseguirlo? E chi di noi non suppone che la giustizia sia bella e in divenire? Quando nasce allora la contraddizione? Nasce nell'adattamento delle precognizioni ai casi particolari. Quando un uomo dice: "Ha fatto bene: è un uomo coraggioso", e un altro dice: "Non è così, ma ha agito in modo sciocco", allora nascono le dispute tra gli uomini. Questa è la disputa tra gli Ebrei e i Siriani, gli Egiziani e i Romani: non se la santità debba essere preferita a tutte le cose e perseguita in tutti i casi, ma se sia santo o meno mangiare carne di maiale. Troverete questa disputa anche tra Agamennone e Achille; infatti chiamateli. Cosa dici, Agamennone? Non si deve fare ciò che è giusto e opportuno? "Certamente". E tu che dici, Achille? Non ammetti che ciò che è buono deve essere fatto? "Certamente". Adattate allora le vostre previsioni alla questione attuale. È qui che inizia la disputa. Agamennone dice: "Non dovrei consegnare Chryseis a suo padre". Achille risponde: "Dovresti". È certo che uno dei due fa un adattamento sbagliato della precognizione di "dovrei" o "dovere". Inoltre, Agamennone dice: "Se devo restituire Criseide, allora è giusto che io prenda il suo premio da qualcuno di voi".

Achille risponde: "Vuoi dunque prendere colei che amo?". "Sì, colei che ami". "Devo dunque essere l'unico uomo che va senza premio? E devo essere l'unico uomo che non ha un premio?". Così inizia la disputa.

Che cos'è l'educazione? L'educazione è imparare ad adattare gli istinti naturali a situazioni specifiche, in accordo con la natura. Si tratta anche di capire che alcune cose sono sotto il nostro controllo, mentre altre non lo sono. Sono sotto il nostro controllo la nostra volontà e tutte le azioni influenzate dalla nostra volontà. Le cose che non sono sotto il nostro controllo sono il nostro corpo fisico, le parti del corpo, i beni, i genitori, i fratelli, i figli, il paese e, in generale, tutti coloro con cui interagiamo nella società.

Ora, dove dobbiamo trovare il bene? Con che cosa dovremmo allinearlo? "Dovrebbe essere allineato con le cose che sono sotto il nostro controllo?". Ma la salute non è forse una cosa buona, così come avere un corpo sano e una vita? E che dire dei figli, dei genitori e del proprio Paese? Chi vi tollererebbe se negaste tutto questo?

Applichiamo ora il concetto di bontà a queste cose. È possibile, dunque, che un uomo sia felice quando subisce un danno e non ottiene cose buone? "Non è possibile". E può comportarsi bene nei confronti della società? Non può. Perché io sono naturalmente portato a curare i miei interessi. Se è nel mio interesse avere una terra, è anche nel mio interesse prenderla al mio vicino. Se è nel mio interesse avere un indumento, è anche nel mio interesse rubarlo al bagno. Questa è la causa principale di guerre, disordini civili, dittature e cospirazioni. E come posso adempiere al mio dovere verso Zeus? Se subisco danni e disgrazie, lui non si cura di me, e a cosa mi serve se mi permette di rimanere nel mio stato attuale? Comincio a disprezzarlo. Allora perché costruiamo templi e innalziamo statue per Zeus, così come per gli spiriti maligni come la Febbre? E come mai Zeus è considerato il Salvatore e il Portatore di pioggia e fertilità? In verità, se attribuiamo la natura del Bene a queste cose, tutto ciò segue logicamente.

Che cosa dobbiamo fare allora? Questa è la domanda del vero filosofo che è in difficoltà. "Ora non vedo cosa sia il Bene e cosa il Male. Non sono forse pazzo? Sì". Ma supponiamo che io metta il bene da qualche parte tra le cose che dipendono dalla volontà: tutti rideranno di me. Arriverà un uomo dalla testa grigia con molti anelli d'oro alle dita, scuoterà la testa e dirà: "Ascolta, figlia mia. È giusto che tu faccia filosofia, ma dovresti avere anche un po' di cervello: tutto ciò che stai facendo è sciocco. Il sillogismo si impara dai filosofi, ma tu sai agire meglio dei filosofi". Amico, perché allora mi rimproveri se so? Cosa devo dire a questo schiavo? Se taccio, scoppierà. Devo parlare in questo modo: "Scusami, come tu scuseresti gli amanti: Non sono il mio padrone: Sono pazzo".

Dalla lezione...

Adattate i vostri preconcetti alla situazione attuale e imparate a distinguere tra ciò che potete controllare e ciò che non potete, per vivere una vita soddisfacente e moralmente retta.

All'azione!

(1) Riconoscere che le precognizioni, o credenze, sono comuni a tutti gli uomini e non sono in contraddizione tra loro.
(2) Si capisce che la contraddizione nasce quando le precognizioni vengono applicate a casi specifici.
(3) Riconoscere che le controversie sorgono quando individui diversi hanno interpretazioni diverse di ciò che è buono, giusto o opportuno.

(4) Rendersi conto che l'educazione è il processo di apprendimento di come adattare le precognizioni naturali a situazioni specifiche in accordo con la natura.

(5) Comprendere che alcune cose sono sotto il nostro controllo (volontà e azioni), mentre altre non lo sono (corpo, beni, famiglia, ecc.).

(6) Attribuire la nozione di bene a cose che sono sotto il nostro controllo, come la salute, le relazioni e gli interessi personali.

(7) Riconoscere che subire un danno senza ottenere cose buone e non essere in grado di mantenere un comportamento corretto nei confronti della società impedisce la felicità.

(8) Essere consapevoli dell'interesse personale e delle potenziali conseguenze negative che può avere sugli altri e sulla società nel suo complesso.

(9) Mettere in discussione il ruolo degli dei e mettere in discussione la nozione di bene riposta in entità esterne.

(10) Riflettere sull'indagine del vero filosofo che è in travaglio e cerca di capire la natura del bene e del male.

(11) Considerate di collocare la nozione di bene tra le cose che dipendono dalla volontà, nonostante le potenziali critiche degli altri.

CAPITOLO 23

— Contro Epicuro

In questo capitolo, il filosofo Epicuro esplora il concetto della nostra natura sociale innata e le sue implicazioni sulle nostre relazioni e responsabilità. Sollevando domande sulla natura del bene, sul nostro attaccamento ai figli e sul significato dell'impegno politico, Epicuro sfida la saggezza convenzionale e offre una prospettiva che ad alcuni può apparire controversa. Approfondendo le complessità dei legami umani e delle aspettative della società, le sue idee ci spingono a riflettere sui principi fondamentali che regolano le nostre scelte e le nostre relazioni.

L'importanza dell'affetto naturale e della genitorialità

Anche Epicuro riconosce che siamo intrinsecamente esseri sociali, ma una volta che colloca il nostro bene unicamente nei beni materiali, non può più offrire ulteriori spunti di riflessione. Al contrario, egli sostiene con forza che non dovremmo ammirare o accettare nulla che sia scollegato dall'essenza del bene, e ha ragione nell'affermarlo. Allora, come può mancare l'affetto naturale per i nostri figli? Perché consigliereste al saggio di non allevare figli? Perché temete che possa avere dei problemi? Dopotutto, ha forse dei problemi a causa di un topolino cresciuto in casa sua? Come può preoccuparsi dei lamenti del topolino? Ma Epicuro capisce che, una volta nato un bambino, siamo tenuti ad amarlo e a prendercene cura. Per questo motivo, Epicuro sostiene che una persona assennata non dovrebbe farsi coinvolgere negli affari politici, perché conosce le

CAPITOLO 23 — Contro Epicuro

responsabilità che ne derivano. Infatti, se volete comportarvi con gli altri come fareste con uno sciame di mosche, cosa vi impedisce di farlo? Tuttavia, Epicuro, forte di questa conoscenza, afferma con coraggio che dovremmo evitare di allevare figli. Eppure, una pecora non abbandona la sua prole, né un lupo. Un uomo dovrebbe allora abbandonare il proprio figlio? Cosa intende dire? Che dovremmo essere sciocchi come le pecore? Ma nemmeno loro abbandonano i loro piccoli. O feroci come i lupi? Ma anche i lupi non abbandonano la loro prole. Quindi, chi ascolterebbe il suo consiglio se vedesse il proprio figlio piangere dopo una caduta? Personalmente, credo che anche se tua madre e tuo padre fossero stati informati da un oracolo che avresti detto cose del genere, non ti avrebbero messo da parte.

Dalla lezione...

Abbracciate e coltivate l'affetto naturale verso i vostri figli, perché è un legame prezioso che non può essere separato dall'essenza della bontà.

All'azione!

(1) Riconsiderare il concetto di porre il nostro bene in oggetti o beni esterni, come sostenuto da Epicuro.
(2) Riflettere sull'idea di non ammirare o accettare nulla che si distacchi dalla natura del bene.
(3) Interrogarsi sulla mancanza di affetto naturale verso i nostri figli e sulle implicazioni che può avere sulla nostra vita.
(4) Analizzate il ragionamento che spinge Epicuro a sconsigliare l'educazione dei figli e i potenziali problemi che può comportare.
(5) Valutare l'idea che impegnarsi in questioni politiche possa comportare difficoltà e le conseguenze che si devono affrontare quando si è coinvolti in tali attività.
(6) Considerate le argomentazioni relative all'istinto naturale degli animali, come le pecore e i lupi, di non abbandonare la propria prole, e il modo in cui ciò si collega al comportamento umano nei confronti dei figli.
(7) Riflettete sulla reazione che si avrebbe nei confronti di un bambino in difficoltà e se questa è in linea con il punto di vista di Epicuro sul non allevare bambini.

(8) Riflettete sulle azioni dei vostri genitori e sulla loro probabile reazione alle vostre convinzioni, come mezzo per rivalutare la vostra prospettiva.

CAPITOLO 24

— Come dobbiamo lottare con le circostanze

Accogliete le sfide che la vita presenta, perché è attraverso queste prove che si rivela il vero carattere. Di fronte alle difficoltà, ricordate che le forze divine vi hanno messo contro un avversario formidabile, proprio come un lottatore che viene messo alla prova da un giovane e duro avversario. Invece di scappare, cogliete l'opportunità di diventare un conquistatore olimpico, comprendendo che il raggiungimento della grandezza richiede sforzi immensi e perseveranza. Intraprendiamo un viaggio attraverso le sagge parole di Diogene, un esploratore che ci offre una prospettiva diversa sulle difficoltà della vita, ricordandoci la libertà e la tranquillità che si possono trovare lasciando andare le nostre paure e abbracciando il momento presente. Seguiamo quindi la sua saggezza e affrontiamo con coraggio le avversità che ci si presentano.

Abbracciare le sfide e vivere senza paura

Le circostanze rivelano il vero carattere di una persona. Pertanto, quando vi trovate di fronte a una difficoltà, tenete presente che Dio, proprio come un allenatore di wrestling, vi ha messo in coppia con un avversario difficile. "Per quale motivo?", vi chiederete. Beh, è perché possiate diventare dei conquistatori olimpici, ma questo risultato non arriva senza sforzo. A mio parere, avete affrontato una difficoltà che si è rivelata molto vantaggiosa, se scegliete di affrontarla

CAPITOLO 24 — Come dobbiamo lottare con le circostanze

come un atleta affronterebbe un avversario impegnativo. Stiamo inviando un esploratore a Roma, ma nessuno invia un esploratore codardo che, al solo rumore o alla vista di qualcosa, torna indietro spaventato e riferisce che il nemico è vicino. Quindi, se voi veniste da noi e ci diceste: "La situazione a Roma è spaventosa, la morte è terribile, l'esilio è terribile, le false accuse sono terribili, la povertà è terribile; amici miei, fuggite, perché il nemico è vicino", noi vi risponderemmo: "Andatevene e prevedete il vostro futuro; l'unico nostro errore è stato quello di mandare un tale esploratore".

Diogene, che è stato inviato come esploratore prima di voi, ci ha dato un resoconto diverso. Egli ritiene che la morte non sia un male perché non è disonorevole. Sostiene anche che la fama è solo un vaneggiamento di persone pazze. Che cosa ha detto questa spia sul dolore, sul piacere e sulla povertà? Crede che essere nudi sia meglio che indossare una veste elegante e che il letto più morbido sia la terra nuda. Diogene offre come prova delle sue affermazioni il proprio coraggio, la tranquillità, la libertà e l'aspetto sano e in forma del suo corpo. "Non c'è nessun nemico", dichiara, "tutto è pacifico". Come è possibile, Diogene? "Guarda", risponde, "se sono stato colpito, ferito o se sono mai fuggito da qualcuno". Questo è ciò che dovrebbe essere un esploratore. Ma lei viene da noi e ci dà informazioni contraddittorie. Non tornerà a vedere le cose più chiaramente quando avrà abbandonato la paura?

Cosa devo fare allora? Qual è la procedura corretta da seguire quando si abbandona una nave? Devo mantenere il controllo del timone o dei remi? Cosa devo portare con me? Dovrei prendere solo ciò che mi appartiene, come la mia bottiglia e il mio portafoglio. Se mi concentro su ciò che è mio di diritto, non potrò mai rivendicare cose che appartengono ad altri. L'imperatore ordina: "Togli il tuo laticlave". Guarda, ora indosso l'angusticlave. "Togli anche questo". Ora mi rimane solo la toga. "Togliti la toga". Ora sono qui nudo. "Eppure susciti ancora in me invidia". In questo caso, prendi tutto il mio corpo impoverito. Quando posso disfarmi volontariamente del mio corpo al comando di qualcuno, c'è forse motivo di temerlo?

Tuttavia, un certo individuo si rifiuta di trasmettermi il suo patrimonio. E adesso? Avevo dimenticato che nessuna di queste cose mi apparteneva. Come possiamo allora considerarle mie? Proprio come il letto di una locanda. Se quindi l'albergatore, alla sua morte, vi lascia i letti, va bene; ma se li lascia a qualcun altro, questi li avrà e voi dovrete trovare un altro letto. Se non lo trovate, dormite volentieri per terra e russate, e ricordate che le tragedie sono riservate ai ricchi, ai re e ai tiranni. Tuttavia, un povero non partecipa alla tragedia, se non come membro del coro. I re iniziano infatti con la prosperità: "ornano i palazzi di ghirlande", ma al terzo o quarto atto gridano: "O Cithaeron, perché mi hai accettato?". Schiavo, dove sono le corone, dov'è il diadema? Le guardie non possono assolutamente assistervi. Quindi, quando vi avvicinate a uno di questi individui, ricordate che vi state avvicinando a un tragediografo, non all'attore, ma a Edipo stesso. Ma voi potreste obiettare: "Un uomo del genere è felice perché è sempre circondato da molte persone". E anch'io mi associo alla folla e cammino in mezzo a tanti. In conclusione, ricordate questo: la porta è aperta; non siate più timidi dei bambini. Ma come si dice, quando qualcosa non piace loro, "non giocherò più", così anche voi dovreste dire, quando appaiono cose di questo tipo, "non parteciperò più" e andarvene. Ma se decidete di rimanere, non lamentatevi.

Dalla lezione...

Abbracciate le difficoltà, affrontate la paura con coraggio e ricordate che la vera felicità viene da dentro, non dai beni esterni o dalle opinioni degli altri.

All'azione!

(1) Quando ci troviamo di fronte alle difficoltà, ricordiamo che sono opportunità di crescita e di miglioramento personale, proprio come un allenatore che abbina un lottatore a un avversario impegnativo.
(2) Accogliere e sfruttare le circostanze difficili, trattandole come un atleta affronta un avversario difficile.
(3) Non siate uno scout codardo che esagera e diffonde la paura; affrontate invece le situazioni con coraggio e resilienza.
(4) Non concentratevi sugli aspetti negativi e non diffondete la paura, ma fornite piuttosto informazioni obiettive e accurate.

CAPITOLO 24 — Come dobbiamo lottare con le circostanze

(5) Ispiratevi a Diogene, che vedeva la morte, la fama, il dolore, il piacere e la povertà in modo diverso. Abbracciate una mentalità in cui queste cose hanno meno potere su di voi.

(6) Concentratevi su ciò che vi appartiene veramente e non rivendicate ciò che appartiene ad altri. Lasciate andare i beni materiali o i riconoscimenti esterni.

(7) Superare la paura di perdere lo status o i beni riconoscendo la loro natura transitoria e rendendosi conto dell'insignificanza dell'invidia.

(8) Sfidare il concetto di proprietà e capire che le cose sono temporanee e possono essere sostituite.

(9) Avvicinarsi agli individui potenti o a coloro che occupano posizioni di autorità con la consapevolezza che sono solo attori nel grande schema della vita, come i tragediografi, e non devono essere temuti.

(10) Non paragonatevi agli altri e non cercate la felicità attraverso i beni materiali o la popolarità; trovate la soddisfazione in voi stessi e nelle vostre azioni.

(11) Riconoscere quando una situazione o un ambiente non servono più al proprio benessere e avere il coraggio di andarsene.

(12) Abbracciate una semplicità e un'onestà da bambini nel rifiutare le cose che non portano gioia o appagamento.

(13) Accettate la responsabilità personale delle vostre scelte e delle vostre azioni ed evitate di lamentarvi o di incolpare gli altri per le vostre circostanze.

CAPITOLO 25

— Sullo stesso

In un mondo in cui il potere risiede nella nostra volontà e in cui non siamo influenzati dalle azioni degli altri, perché ci ostiniamo a essere disturbati e timorosi? Queste sono le domande pressanti poste dall'autore, che sfidano la nostra tendenza a desiderare ciò che non è nostro di diritto e a perdere di vista ciò che conta davvero. Nonostante Zeus, la forza guida divina, ci abbia già fornito istruzioni esplicite, perché continuiamo a cercare ulteriori indicazioni? Questo brano stimolante ci spinge a esaminare le nostre azioni e le nostre scelte, ricordandoci che l'autentica realizzazione deriva dall'adesione ai principi che ci sono stati dati da un'autorità superiore.

> Trovare la pace e la libertà attraverso l'accettazione e la padronanza di sé

Se queste cose sono vere, e se non siamo sciocchi e ipocriti quando affermiamo che la volontà è la fonte del bene e del male per l'umanità, e che nient'altro conta per noi, allora perché siamo ancora turbati? Perché abbiamo ancora paura? Le questioni che hanno occupato la nostra attenzione sono al di fuori del nostro controllo e non ci preoccupiamo di quelle che sono sotto il controllo degli altri. Che tipo di problemi abbiamo ancora?

"Ma dammi indicazioni". Perché dovrei darti indicazioni? Zeus non vi ha forse dato indicazioni? Non vi ha forse dato ciò che è vostro, libero da ostacoli e impedimenti, e ciò che non è vostro, soggetto a ostacoli e impedimenti? Quali indicazioni, dunque, quali

CAPITOLO 25 — Sullo stesso

ordini avete portato quando siete venuti da lui? Conservate con ogni mezzo ciò che è vostro, non desiderate ciò che appartiene ad altri. La fedeltà è tua, il pudore virtuoso è tuo; chi può toglierti queste cose? Chi, se non voi stessi, vi impedirà di usarle? Ma come agite? Quando cercate ciò che non è vostro, perdete ciò che è vostro. Avendo ricevuto da Zeus tali suggerimenti e comandi, che tipo di ordini chiedete ancora a me? Sono forse più potente di lui, sono forse più degno di fiducia? Ma se osservi questi, ne vuoi altri? "Ma lui non ha dato questi ordini", direte voi. Produci le tue precognizioni, produci le prove dei filosofi, produci ciò che hai sentito spesso e ciò che hai detto tu stesso, produci ciò che hai letto, produci ciò che hai meditato (e allora vedrai che tutte queste cose vengono da Dio). Per quanto tempo, dunque, è opportuno osservare questi precetti di Dio e non interrompere la recita? Fino a quando la rappresentazione viene portata avanti con correttezza. Nei Saturnalia si estrae a sorte un re, perché era consuetudine fare questo gioco. Il re comanda: "Bevi", "Mescoli il vino", "Canti", "Vai", "Vieni". Io obbedisco affinché il gioco venga interrotto attraverso di me. Ma se lui mi dice: "Pensa che sei in una situazione di male", io rispondo: "Non lo penso", e chi mi obbliga a pensarlo? Inoltre, abbiamo concordato di interpretare Agamennone e Achille. Colui che è stato incaricato di interpretare Agamennone mi dice: "Vai da Achille e strappagli Briseide". Io vado. Lui dice: "Vieni", e io vengo.

Nel modo in cui gestiamo gli argomenti ipotetici, dovremmo comportarci in modo simile nella vita. Diciamo che è notte. Presumo che sia effettivamente notte. Allora è giorno? No, perché ho già supposto che sia notte. Supponiamo che tu pensi che sia notte. Suppongo di sì. Ma anche lei crede che sia notte? Questo contraddice l'ipotesi iniziale. Quindi, in questo caso, supponiamo che tu sia sfortunato. Va bene, supponiamo questo. Questo la rende infelice? Sì. E' una cosa che vi rende infelici? Avete un demone sfavorevole che vi disturba? Sì. Tuttavia, pensare che tu sia infelice contraddice l'ipotesi iniziale, e qualcun altro mi proibisce di pensare in questo modo.

Per quanto tempo dobbiamo obbedire a questi ordini? Obbediamo finché sono redditizi e finché mantengo ciò che è giusto e coerente. Tuttavia, ci sono uomini che sono amareggiati e hanno un brutto carattere. Dicono: "Non posso stare seduto con quest'uomo e ascoltarlo mentre parla continuamente delle sue imprese in Mysia: "Ti ho detto, fratello, come ho scalato la collina e poi sono stato assediato di nuovo"". D'altra parte, c'è chi dice: "Preferisco godermi il mio pasto e ascoltarlo parlare quanto vuole". Quindi, confrontate questi punti di vista: non fate nulla quando vi sentite giù, o come se steste soffrendo, o come se foste in miseria, perché nessuno vi obbliga a sentirvi così. C'è fumo nella stanza? Se il fumo è sopportabile, rimango; se è eccessivo, me ne vado. Ricordate e tenete sempre a mente questo: la porta è aperta. Ora, potreste dirmi: "Non vivere a Nicopoli". Non ci vivrò. "Non ad Atene". Non vivrò ad Atene. "O a Roma". Non vivrò a Roma. "Vivrò a Gyarus". Va bene, vivrò a Gyarus, ma sembra che vivere lì sia molto spiacevole. Quindi, andrò in un luogo dove nessuno potrà impedirmi di vivere, perché quel luogo è aperto a tutti. E quando si tratta dell'ultimo possesso, che è il povero corpo, nessuno ha più potere su di me. Per questo Demetrio disse a Nerone: "Tu mi minacci di morte, ma la natura minaccia te". Se mi fisso sul mio povero corpo, mi sono reso schiavo. Se mi fisso sui miei miseri averi, mi sono reso anch'io schiavo. Poiché rivelo subito ciò che può catturarmi, proprio come un serpente che si tira dentro la testa, vi dico di colpire la parte che custodisce. E siate certi che qualsiasi parte scegliate di custodire, quella è la parte che il vostro padrone attaccherà. Tenendo presente questo, chi adulerai o temerai ancora?

Ma vorrei sedermi dove siedono i senatori. Vede che si sta mettendo in situazioni difficili, si sta confinando. Come posso avere una buona visione dell'anfiteatro in un altro modo? Amico, non essere un semplice spettatore e non ti sentirai confinato. Perché ti appesantisci? Oppure aspettate un po' e, una volta finito lo spettacolo, prendete posto nella sezione riservata ai senatori e godetevi il sole. Per ricordare questa semplice verità, che siamo noi a confinarci, a metterci in situazioni difficili; cioè, le nostre opinioni ci confinano e ci mettono in situazioni difficili. Perché cosa significa essere insultati? Mettetevi accanto a una pietra e insultatela, e cosa otterrete? Se, poi, una persona rimane inerme come una pietra, che vantaggio ne trae l'insultatore? Ma se l'insultatore approfitta della vulnerabilità della persona insultata, ottiene un risultato. "Sbarazzarsi di lui". Cosa intendete con "lui"? Afferra il suo indumento, toglilo. "Ti ho offeso". Che ti porti fortuna.

Questa era la pratica di Socrate; questa era la ragione per cui aveva sempre un comportamento coerente. Tuttavia, scegliamo di concentrarci sulla pratica e sullo studio di qualsiasi cosa che non sia il mezzo con cui possiamo raggiungere la libertà senza ostacoli. Si potrebbe obiettare: "I filosofi parlano per paradossi". Ma non ci sono paradossi anche in altri campi? E cosa c'è di più paradossale che ferire deliberatamente l'occhio di una persona per farle vedere meglio? Se qualcuno dicesse questo a un individuo che non sa nulla del campo della chirurgia, non lo deriderebbe? Non dovrebbe quindi sorprendere che in filosofia molte cose vere possano apparire paradossali a chi non ha esperienza.

> **Dalla lezione...**
>
> Osservate e mantenete ciò che è vostro di diritto, astenetevi dal desiderare i beni altrui e rifiutatevi di lasciare che siano le circostanze esterne a dettare il vostro benessere e la vostra tranquillità.

> **All'azione!**
>
> (1) Comprendere che il bene e il male nella vita di una persona sono influenzati dalla sua volontà, non dalle circostanze esterne.
> (2) Riconoscere che le cose al di fuori del nostro controllo non devono essere fonte di disturbo o di paura.
> (3) Ricordate che un potere superiore ci ha dato la possibilità di fare delle scelte e di prendere delle decisioni e che dobbiamo concentrarci su ciò che è sotto il nostro controllo.
> (4) Siate fedeli e virtuosi, perché queste qualità non possono esserci tolte se non lo permettiamo.
> (5) Non desiderare ciò che appartiene agli altri e concentrarsi invece sul mantenimento e sull'apprezzamento di ciò che è nostro.
> (6) Osservare gli insegnamenti e i precetti di Dio, che forniscono una guida per una vita significativa e soddisfacente.
> (7) Non cercare indicazioni o ordini esterni quando la guida ci è già stata data da un potere superiore.

(8) Avere fiducia in noi stessi per prendere decisioni basate sugli insegnamenti ricevuti.
(9) Non permettiamo alle circostanze esterne o ai pensieri negativi di dettare la nostra felicità o il nostro stato d'animo.
(10) Ricordate che abbiamo il potere di scegliere come percepire e rispondere alle situazioni.
(11) Obbedire alle istruzioni e agli ordini, purché siano vantaggiosi e in linea con ciò che è moralmente giusto.
(12) Evitare di impegnarsi in attività o conversazioni che ci trascinano verso il basso o ci fanno sentire negativi.
(13) Riconoscere che abbiamo la libertà di scegliere dove e come vivere e che le opinioni o le azioni degli altri non devono limitarci.
(14) Evitiamo di metterci in situazioni in cui ci sentiamo confinati o costretti.
(15) Non cercare la convalida o l'approvazione degli altri, ma concentrarsi sul proprio benessere e sulla propria felicità.
(16) Non permettere che le opinioni o le azioni degli altri influenzino la nostra autostima o la nostra sicurezza.
(17) Ricordate che gli insulti e le prese in giro hanno potere su di noi solo se ci lasciamo condizionare da essi.
(18) Concentrarsi sulla ricerca della libertà e della liberazione dai vincoli dei propri pensieri e delle proprie opinioni.
(19) Accogliere e accettare la natura paradossale degli insegnamenti e delle idee filosofiche, che possono mettere in discussione le convinzioni convenzionali.
(20) Cercare di comprendere e apprezzare la saggezza degli insegnamenti filosofici, anche se inizialmente possono sembrare contraddittori o difficili da comprendere.

CAPITOLO 26

— Qual è la legge della vita

Nella ricerca della saggezza e del miglioramento personale, Epitteto, un filosofo antico, sottolineava l'importanza di allineare le proprie azioni con l'ordine naturale delle cose. Pur riconoscendo il valore della teoria filosofica, Epitteto sottolineava le sfide che si presentano quando si applicano questi principi alla complessità della vita quotidiana. Egli sosteneva che la vera comprensione inizia con il riconoscere i limiti delle proprie capacità di ragionamento e la necessità di coltivare una facoltà interiore forte e perspicace. Questo viaggio introspettivo, secondo lui, costituisce il fondamento della filosofia e serve da guida per navigare nelle complessità dell'esistenza.

L'importanza di comprendere e applicare la filosofia

Quando una persona leggeva argomenti ipotetici, Epitteto diceva: "Anche questa è una legge ipotetica: dobbiamo accettare ciò che segue dall'ipotesi. Ma molto prima di questa legge c'è la legge della vita, che ci impone di agire in modo conforme alla natura. Infatti, se in ogni materia e circostanza vogliamo osservare ciò che è naturale, è evidente che in ogni cosa dobbiamo porci come obiettivo che non ci sfugga la conseguenza e che non ammettiamo la contraddizione".

"Dapprima, dunque, i filosofi ci esercitano nella teoria, che è più facile; e poi ci conducono alle cose più difficili; perché nella teoria non c'è nulla che ci distolga dal seguire ciò che viene insegnato; ma nelle questioni della vita, molte sono le cose che ci distraggono".

CAPITOLO 26 — Qual è la legge della vita

È dunque ridicolo chi dice di voler iniziare con le cose della vita reale, perché non è facile iniziare con le cose più difficili, e dovremmo usare questo fatto come argomento per quei genitori che sono irritati dal fatto che i loro figli imparino la filosofia: "Sto forse sbagliando, padre mio, e non so ciò che è adatto a me e che è giusto? Se infatti questo non si può né imparare né insegnare, perché mi rimproveri? Ma se si può insegnare, insegnami; e se non puoi, permettimi di imparare da coloro che dicono di saper insegnare. Perché cosa pensate? Pensate che io cada volontariamente nel male e mi sfugga il bene? Spero che non sia così. Qual è allora la causa del mio errore? L'ignoranza. Non scegliete allora che io mi liberi della mia ignoranza? Chi ha mai imparato con la rabbia l'arte del pilota o della musica? Pensi allora che per mezzo della tua rabbia imparerò l'arte della vita?".

"Può parlare in questo modo solo chi ha manifestato una tale intenzione. Ma se un uomo che vuole solo fare la sua comparsa a un banchetto e mostrare di conoscere gli argomenti ipotetici li legge e guarda i filosofi, quale altro scopo ha se non quello di ammirare un uomo di rango senatoriale che gli siede accanto? Perché lì ci sono i materiali veramente grandi, e le ricchezze di qui sembrano inezie di là. Questa è la ragione per cui è difficile per un uomo essere padrone delle apparenze, laddove le cose che disturbano il giudizio sono grandi".

"Conosco una persona che, abbracciando le ginocchia di Epafrodito, si lamentava di avere solo centocinquanta volte diecimila denari. Cosa fece allora Epafrodito? Si mise a ridere di lui, come abbiamo fatto noi schiavi di Epafrodito? No, ma gridò con stupore: "Povero uomo, come hai fatto a tacere, come hai fatto a sopportare?"".

Quando Epitteto rimproverò la persona che stava leggendo gli argomenti ipotetici e l'insegnante che aveva suggerito la lettura, e l'insegnante rideva del lettore, Epitteto disse all'insegnante: "Stai ridendo di te stesso; non hai preparato il giovane e non hai nemmeno verificato se fosse in grado di capire questi argomenti. Forse lo stai usando solo come lettore". Ebbene, disse Epitteto, se una persona non ha la capacità di comprendere qualcosa di complesso, possiamo fidarci del suo giudizio quando si tratta di elogiare o biasimare? Possiamo fidarci che sia in grado di formarsi un'opinione su ciò che è buono o cattivo? E se una persona del genere critica qualcuno, si preoccupa davvero della critica? E se elogia qualcuno, quella persona è veramente soddisfatta, quando anche in un semplice sillogismo ipotetico, colui che elogia non può vedere la conseguenza dell'ipotesi?

Questo è dunque l'inizio della filosofia, la percezione da parte dell'uomo dello stato della sua facoltà dominante; infatti, quando un uomo sa che è debole, allora non la impiegherà nelle cose più difficili. Ma al giorno d'oggi, se gli uomini non riescono a inghiottire nemmeno un boccone, comprano interi volumi e cercano di divorarli, e questo è il motivo per cui li vomitano o soffrono di indigestione: e poi arrivano le crisi, le defluzioni e le febbri. Questi uomini dovrebbero considerare quali sono le loro capacità. In teoria, è facile convincere un ignorante; ma nella vita reale nessuno si offre per essere convinto, e noi odiamo l'uomo che ci ha convinto. Ma Socrate ci ha consigliato di non vivere una vita che non sia sottoposta ad esame.

Dalla lezione...

Comprendere e dare priorità alle leggi fondamentali della vita, cercare la saggezza e la valorizzazione di sé attraverso la filosofia e resistere all'influenza delle apparenze superficiali e delle pressioni esterne.

All'azione!

(1) Accettare ciò che segue dall'ipotesi in argomenti ipotetici, ma dare la priorità all'agire in accordo con la natura.
(2) Non lasciare che nulla di contraddittorio sfugga alla nostra attenzione.
(3) Iniziate con esercizi teorici di filosofia prima di passare a questioni pratiche più difficili.
(4) Utilizzare la difficoltà della vita pratica come argomento per giustificare l'apprendimento della filosofia.
(5) Sfidare l'idea che l'ignoranza sia la causa delle azioni sbagliate e sostenere l'eliminazione dell'ignoranza attraverso l'apprendimento.

CAPITOLO 26 — Qual è la legge della vita

(6) Rifiutate l'idea che la rabbia possa insegnare l'arte della vita e sostenete la ricerca della conoscenza da parte di coloro che affermano di sapere.

(7) Avvertite di non abbandonarvi alle apparenze e ai beni materiali, che possono offuscare la capacità di giudizio.

(8) Empatizzare con le difficoltà degli altri e riconoscere le loro lotte invece di ridicolizzarle.

(9) Criticare gli insegnanti che non preparano e valutano accuratamente le capacità degli studenti prima di assegnare i compiti.

(10) Mettere in dubbio la credibilità e il giudizio di persone che non hanno la capacità di comprendere questioni complesse.

(11) Evidenziare l'importanza dell'autoconsapevolezza e del riconoscimento dei limiti della propria facoltà di giudizio.

(12) Si consiglia di non cercare di consumare grandi quantità di informazioni senza la necessaria capacità di comprenderle.

(13) Incoraggiare gli individui a esaminare criticamente le loro vite invece di vivere senza domande.

CAPITOLO 27

— In quanti modi esistono le apparenze e quali aiuti dobbiamo fornire contro di esse

Nel regno delle apparenze, ci sono quattro possibilità: le cose possono apparire come sono veramente o non apparire affatto; possono esistere ma non apparire, o non esistere ma apparire. È responsabilità delle persone istruite formulare giudizi accurati in tutti questi casi. Tuttavia, quando ci si trova di fronte a un fastidio, è fondamentale trovare una soluzione. Che si tratti dei sofismi di alcuni filosofi, della natura ingannevole delle apparenze o del potere dell'abitudine, dobbiamo trovare un rimedio. Un rimedio contro l'abitudine è coltivare l'abitudine opposta. Inoltre, di fronte alla paura della morte, dobbiamo ragionare e trovare conforto nella sua inevitabilità. Il turbamento causato dal desiderio di qualcosa che potrebbe non accadere deve essere affrontato, e se le circostanze esterne non possono essere cambiate, bisogna affrontare i propri limiti. Di fronte alle obiezioni dei seguaci di Pirro e degli Accademici, non ho tempo per discutere. Mi affido invece alle prove presenti nel caso in questione. Anche se le complessità della percezione rimangono poco chiare, sono certo della distinzione tra me e gli altri. Le nostre azioni, guidate dalle nostre intenzioni, affermano questa verità. Per questo motivo, è essenziale mantenere saldamente le opinioni comuni e rafforzarle.

CAPITOLO 27 — In quanti modi esistono le apparenze e quali aiuti dobbiamo fornire contro di esse

> Mantenere l'opinione generale e rafforzare le argomentazioni contro le critiche

L'apparenza si presenta in quattro modi: le cose possono apparire come sono realmente, oppure non apparire e ingannarci, oppure esistere ma non sembrare ciò che sono, oppure non esistere ma sembrare. In tutti questi casi, formulare un giudizio corretto è il dovere di una persona istruita. A qualsiasi cosa ci dia fastidio, dobbiamo cercare un rimedio. Se ci turbano i sofismi di Pirro e degli Accademici, dobbiamo trovare un modo per contrastarli. Se è il potere persuasivo delle apparenze, che fanno apparire buone certe cose quando non lo sono, dobbiamo cercare un rimedio. Se è l'abitudine a turbarci, allora dobbiamo cercare un aiuto per superarla. E quale aiuto possiamo trovare contro l'abitudine? L'abitudine opposta. Quando sentite persone ignoranti dire: "Quel povero è morto e i suoi genitori sono sopraffatti dal dolore. È morto troppo presto e in terra straniera". Dovete contrastare questo modo di parlare. Opporre a un'abitudine il suo contrario; opporre ai sofismi la ragione e la pratica della ragione; e contro le apparenze persuasive, dobbiamo avere a portata di mano una conoscenza chiara e pura. Quando la morte appare come un male, dobbiamo ricordare questa regola: è giusto evitare le cose cattive, mentre la morte è una cosa necessaria. Perché cosa possiamo fare e dove possiamo sfuggire? Anche se non siamo come Sarpedonte, il figlio di Zeus, che sa parlare così nobilmente, possiamo comunque ragionare in questo modo. Dimmi, dove posso sfuggire alla morte? Mostrami il paese e le persone che la morte non visita. Mostrami un incantesimo contro la morte. Se non ce l'ho, che cosa vi aspettate che faccia? Non posso sfuggire alla morte. Non dovrei allora sfuggire alla paura della morte, ma morire lamentandomi e tremando? Perché la radice dell'angoscia è desiderare qualcosa che non accade. Pertanto, se posso cambiare le circostanze esterne secondo i miei desideri, lo farò. Ma se non posso, sono disposto a strappare gli occhi a chiunque mi ostacoli. Perché la natura degli esseri umani è quella di non tollerare di essere privati di ciò che è buono e di non tollerare di cadere in ciò che è cattivo. Infine, quando non sono in grado né di cambiare le circostanze né di

CAPITOLO 27 — In quanti modi esistono le apparenze e quali aiuti dobbiamo fornire contro di esse

danneggiare chi mi ostacola, mi siedo, gemo e maledico chi posso, Zeus e gli altri dei. Perché se loro non si occupano di me, cosa sono per me? "Sì, ma allora sarai empio". In che modo sarà peggio per me di quanto non lo sia già? In conclusione, ricordate questo: se pietà e interesse personale non si allineano, la vera pietà non può esistere in nessuno. Non vi sembrano cose necessarie?

Che i seguaci di Pirro e gli Accademici vengano a fare le loro obiezioni. Per quanto mi riguarda, non ho tempo per queste dispute, né posso difendere il consenso comune. Se avessi una disputa legale anche solo per un pezzo di terra, chiamerei qualcun altro a difendere i miei interessi. Allora di quali prove mi accontento? Mi bastano quelle che sono rilevanti per la questione in oggetto. Il modo in cui si ottiene la percezione, se attraverso l'intero corpo o una parte specifica, può andare oltre la mia capacità di spiegare, poiché entrambe le opinioni mi confondono. Tuttavia, sono perfettamente certo che io e voi non siamo uguali. "Come fai a saperlo?" Quando intendo ingoiare qualcosa, non lo porto mai alla vostra bocca, ma alla mia. Quando intendo mangiare il pane, non prendo mai una scopa, ma vado sempre verso il pane. E voi stessi, che rifiutate l'evidenza dei sensi, non agite forse in modo simile? Quando qualcuno di voi intende fare il bagno, non va mai al mulino? E allora? Non dovremmo anche noi sostenere con forza la conservazione della credenza popolare e rafforzarci contro gli argomenti contrari? Chi nega che dovremmo farlo? Beh, dovrebbe farlo chi è capace, chi ha il tempo per farlo. Quanto a coloro che tremano e sono turbati e spezzati interiormente, dovrebbero dedicare il loro tempo ad altro.

Dalla lezione...

Apprezzare la capacità di formulare giudizi validi, cercare soluzioni ai problemi, coltivare il pensiero razionale, riconoscere l'inevitabilità della morte, accettare la natura mutevole dei fattori esterni e sostenere in armonia sia la pietà che l'interesse personale.

All'azione!

(1) Formare un giudizio corretto in tutti i casi di apparenza ed educare se stessi a farlo.

CAPITOLO 27 — In quanti modi esistono le apparenze e quali aiuti dobbiamo fornire contro di esse

(2) Individuare e applicare rimedi a fastidi quali i sofismi di Pirro e degli Accademici, le false apparenze persuasive e le abitudini dannose.
(3) Cercare di contrastare le abitudini dannose coltivando quelle contrarie.
(4) L'opposizione ai sofismi deve essere la ragione e l'esercizio e la disciplina della ragione.
(5) Sviluppare precognizioni manifeste, ripulite dalle impurità, per contrastare le apparenze persuasive.
(6) Riconoscere e accettare la morte come una cosa necessaria, evitando di temerla.
(7) Capire che l'origine della perturbazione è il desiderio che accada qualcosa che non accade.
(8) Se possibile, cambiare le cose esterne secondo i propri desideri; altrimenti, accettare la situazione o cercare di eliminare gli ostacoli.
(9) Evitate di reagire con lamentele e abusi quando non potete cambiare le circostanze e rendetevi conto dell'inutilità di incolpare gli dei.
(10) Mantenere la pietà e l'interesse personale allineati per mantenere una vita virtuosa.
(11) Siate aperti alle obiezioni e alle controversie, ma date priorità agli interessi personali ed evitate di impelagarvi in discussioni inutili.
(12) Confidare nelle percezioni personali e nell'evidenza dei sensi, rimanendo aperti a possibilità alternative.
(13) Riconoscere la distinzione tra sé e gli altri e fidarsi di conseguenza delle proprie percezioni.
(14) Fortificare le proprie convinzioni e opinioni contro le argomentazioni contrarie.
(15) Utilizzare il tempo e l'energia in modo efficace, concentrandosi sulla crescita e sullo sviluppo personale piuttosto che essere consumati dalla paura e dalla preoccupazione.

CAPITOLO 28

— Che non dobbiamo adirarci con gli uomini e quali sono le piccole e le grandi cose tra gli uomini

Si tratta di una discussione sulle cause dell'assenso a qualcosa e sulla natura della comprensione. È innegabile che siamo portati a credere alle cose che sembrano vere, mentre siamo insoddisfatti delle falsità e tratteniamo l'assenso nelle cose incerte. La prova sta nella nostra incapacità di immaginare il contrario di ciò che appare vero. Tuttavia, cosa succede quando qualcuno acconsente a qualcosa di falso? È importante considerare che non ha inteso farlo consapevolmente, poiché ogni anima viene privata involontariamente della verità. In questo capitolo esploriamo i concetti di verità, falsità, idoneità e profitto, contemplando le azioni degli individui che vengono ingannati e l'origine delle grandi azioni.

L'influenza delle apparenze sulle azioni umane

Qual è la causa dell'assenso a qualcosa? La ragione è che sembra essere vera. Non è possibile, quindi, assentire a qualcosa che sembra non essere vero. Perché? Perché è nella natura della comprensione propendere per il vero, rifiutare il falso e rifiutare l'assenso nelle cose incerte. Qual è la prova di questo? "Immaginate, se potete, che ora sia notte". Non è possibile. "Toglietevi la convinzione che sia giorno". Non è possibile. "Convincetevi o toglietevi la convinzione che le stelle sono in numero pari". È impossibile. Pertanto, quando

CAPITOLO 28 — Che non dobbiamo adirarci con gli uomini e quali sono le piccole e le grandi cose tra gli uomini

una persona acconsente a qualcosa che è falso, siate certi che non intendeva acconsentire come falso. Infatti, come dice Platone, ogni anima viene privata involontariamente della verità, ma la falsità le sembrava vera. Ebbene, nelle azioni, che cosa abbiamo di simile alla verità o alla falsità? Abbiamo ciò che è appropriato e ciò che non lo è, ciò che è benefico e ciò che non lo è, ciò che è adatto a una persona e ciò che non lo è, e qualsiasi cosa simile a queste. Può una persona pensare che qualcosa sia benefico per lei e non sceglierlo? Non può. Come lo dice Medea?

"È vero, so quale male farò, ma la passione ha il sopravvento sul miglior consiglio".

Credeva che perseguire la sua passione e cercare vendetta sul marito sarebbe stato più vantaggioso che proteggere i suoi figli. "Era questa la sua convinzione, ma si sbagliava". Se le dimostrate chiaramente che si è sbagliata, non procederà. Tuttavia, finché non lo fate, cos'altro può fare se non seguire ciò che le sembra giusto? Nient'altro. Allora perché vi arrabbiate con questa sfortunata donna che è stata ingannata sulle questioni più importanti e si è trasformata in una creatura velenosa invece che in un essere umano? E perché non mostrare, se possibile, compassione per coloro che sono stati accecati e paralizzati nelle loro facoltà più vitali, proprio come facciamo noi per i ciechi e gli zoppi?

Chiunque, dunque, ricorda chiaramente che la misura di ogni atto per gli esseri umani è la sua apparenza: se la cosa appare buona o cattiva. Se appare buona, è esente da colpe. Se appare cattiva, ne subisce la pena. È impossibile che chi viene ingannato sia la stessa persona che soffre. Chi si ricorda di questo non si arrabbierà con nessuno, non si irriterà con nessuno, non rinfaccerà o biasimerà nessuno, non odierà o litigherà con nessuno.

Allora, tutte queste grandi e terribili azioni hanno origine dalle apparenze? Sì, è così. L'Iliade non è altro che un'apparenza e la manipolazione delle apparenze. Paride credeva che gli sembrasse vantaggioso prendere la moglie di Menelao, mentre Elena credeva che gli sembrasse vantaggioso seguire Paride. Se Menelao avesse visto come un guadagno la perdita della moglie, cosa sarebbe successo? Non solo l'Iliade sarebbe andata perduta, ma anche l'Odissea.

CAPITOLO 28 — Che non dobbiamo adirarci con gli uomini e quali sono le piccole e le grandi cose tra gli uomini

"Dunque, cose così grandi dipendevano da una questione così piccola?". Ma cosa intende per "cose così grandi"? Guerre, disordini civili, distruzione di molte persone e città. E cosa c'è di così grande in questo? "Non è niente?" Ma cosa c'è di così grande nella morte di molti buoi, di molte pecore, o nell'incendio o nella distruzione di molti nidi di rondini o di cicogne? "Queste cose sono simili a quelle?". Molto simili. I corpi umani vengono distrutti, proprio come i corpi dei buoi e delle pecore. Le case umane vengono bruciate, proprio come i nidi delle cicogne. Cosa rende tutto questo così grande o terribile? Mostratemi la differenza tra la casa di un uomo e il nido di una cicogna, perché entrambi sono abitazioni. L'unica differenza è che gli uomini costruiscono le loro case con travi, tegole e mattoni, mentre le cicogne le costruiscono con bastoni e fango.

Una cicogna e un uomo sono dunque simili? Che ne dite? Dal punto di vista dell'aspetto fisico, sono molto simili. Un uomo non differisce in alcun modo da una cicogna? Non voglio dire questo, ma non c'è alcuna differenza in queste cose. Qual è allora la differenza? Cercate e scoprirete che la differenza sta in un altro aspetto. Considerate se non sia nella capacità di un uomo di comprendere le proprie azioni, nell'interazione sociale, nella lealtà, nella modestia, nella fermezza e nell'intelligenza. Dove si differenziano dunque gli uomini in termini di grande bene e di grande male? È in questo aspetto. Se la differenza viene mantenuta e la modestia, la lealtà e l'intelligenza non vengono distrutte, l'uomo stesso viene preservato. Tuttavia, se una di queste cose viene distrutta e sopraffatta, anche l'uomo perisce. È qui che si trovano le grandi cose. Lei sostiene che Paride ha subito un grande danno quando i Greci hanno invaso e devastato Troia e quando i suoi fratelli sono morti. Questo non è vero, perché nessuno viene danneggiato da azioni che non sono sue. Quello che accadde allora fu solo la distruzione di nidi di cicogne. La rovina di Paride avvenne quando perse il senso della modestia, della lealtà, dell'ospitalità e della decenza. Quando fu rovinato Achille? Quando è morto Patroclo? No, la sua rovina è avvenuta quando si è arrabbiato, quando ha pianto per una ragazza e quando ha dimenticato che era a Troia per combattere, non per acquisire amanti. Queste sono le cose che rovinano gli uomini, questo è

CAPITOLO 28 — Che non dobbiamo adirarci con gli uomini e quali sono le piccole e le grandi cose tra gli uomini

l'assedio, questa è la distruzione delle città - quando le opinioni corrette vengono distrutte, quando vengono corrotte.

Quando le donne vengono prese, quando i bambini vengono fatti prigionieri e quando gli uomini vengono uccisi, non sono forse considerati dei mali? Allora perché aggiungete le vostre opinioni a questi fatti? Mi spieghi anche questo. "Non lo farò; ma perché sostiene che questi non sono considerati mali?". Parliamo delle regole: presentare le prove: perché trascuriamo questo, non possiamo comprendere appieno le azioni degli uomini. Quando vogliamo determinare i pesi, non tiriamo a indovinare; quando vogliamo determinare se sono dritti o storti, non tiriamo a indovinare. In tutti i casi in cui è importante conoscere la verità su qualcosa, non ci affidiamo mai alle congetture. Ma quando si tratta di questioni che dipendono dalla causa del fare bene o male, della felicità o dell'infelicità, dell'essere fortunati o sfortunati, è allora che siamo sconsiderati e avventati. Quindi non ci sono scale, non ci sono regole, ma si presenta un'apparenza e io agisco immediatamente in base ad essa. Dovrei allora credere di essere superiore ad Achille o ad Agamennone, che hanno seguito le apparenze e hanno sofferto tanti mali? Non dovrebbe bastarmi l'apparenza? E quale tragedia ha un inizio diverso? L'Atreo di Euripide, cos'è? Un'apparenza. L'Edipo di Sofocle, cos'è? Un'apparizione. Il

Fenice? Un'apparizione. L'Ippolito? Un'apparizione. Che tipo di uomo, dunque, pensate che sia colui che non presta attenzione a questa materia? E come si chiamano coloro che seguono ogni apparizione? "Sono chiamati pazzi". Allora ci comportiamo in modo diverso?

Dalla lezione...

Riconoscete che la misura di ogni azione si basa sull'apparenza, quindi non lasciatevi ingannare da false percezioni e cercate sempre la verità.

All'azione!

(1) Capire che l'assenso a qualcosa si basa sulla convinzione che sia vero.

CAPITOLO 28 — Che non dobbiamo adirarci con gli uomini e quali sono le piccole e le grandi cose tra gli uomini

(2) Riconoscere che non è possibile assentire a qualcosa che sembra essere falso.

(3) Comprendere che la natura della comprensione è quella di propendere per il vero, essere insoddisfatti del falso e rifiutare l'assenso in situazioni di incertezza.

(4) Capire che quando qualcuno acconsente a qualcosa di falso, non è sua intenzione farlo, ma piuttosto è stato ingannato a credere che fosse vero.

(5) Comprendere che nelle azioni si applicano gli stessi principi di verità e falsità, con i concetti di adatto e non adatto, redditizio e non redditizio, e ciò che è adatto o non adatto.

(6) Riconoscere che una persona non può pensare che qualcosa sia utile per lei e non sceglierla.

(7) Imparate dall'esempio di Medea, che scelse di assecondare la sua passione e di vendicarsi del marito perché riteneva che fosse più vantaggioso che risparmiare i suoi figli.

(8) Comprendere che quando una persona è ingannata e incapace di vedere la verità, è più appropriato compatirla piuttosto che arrabbiarsi o biasimarla.

(9) Ricordate che la misura di ogni atto per una persona si basa sull'apparenza, se appare buono o cattivo. Se appare buona, non ha colpa; se appare cattiva, ne subisce le conseguenze.

(10) Riconoscere che molte azioni grandi e terribili hanno origine dalle apparenze e dall'uso delle apparenze.

(11) Riflettete sull'esempio dell'Iliade, dove Paride credeva che fosse vantaggioso portare via la moglie di Menelao ed Elena credeva che fosse vantaggioso seguirlo. Se Menelao avesse ritenuto vantaggioso privarsi di tale moglie, l'intera storia sarebbe stata diversa.

(12) Riconoscere che le guerre, i tumulti civili e la distruzione di molte vite e città dipendono dalle apparenze.

(13) Comprendete che non c'è alcuna differenza significativa tra la distruzione delle abitazioni umane e quella dei nidi di animali come le cicogne, poiché entrambe sono legate alle abitazioni.

(14) Riconoscere che, sebbene vi siano somiglianze fisiche tra uomini e animali, la differenza sta nella comprensione, nella

CAPITOLO 28 — Che non dobbiamo adirarci con gli uomini e quali sono le piccole e le grandi cose tra gli uomini

comunità sociale, nella fedeltà, nella modestia, nella fermezza e nell'intelligenza.

(15) Rendetevi conto che il grande bene e il grande male negli esseri umani sono determinati dalla conservazione o dalla distruzione di queste qualità.

(16) Riflettete su come la rovina di individui come Paride e Achille sia avvenuta quando hanno perso virtù importanti come la modestia, la fedeltà, il rispetto per l'ospitalità e la decenza.

(17) Mettere in discussione l'idea che eventi come il rapimento di donne, la cattura di bambini e l'uccisione di uomini siano intrinsecamente malvagi, poiché questi giudizi si basano su opinioni piuttosto che su fatti.

(18) Sottolineare la necessità di usare il pensiero critico e le regole (precognizioni) piuttosto che affidarsi esclusivamente alle apparenze quando si giudicano le azioni o si determina ciò che è giusto o sbagliato.

(19) Riconoscere che gli esseri umani spesso agiscono in modo avventato e impulsivo quando si tratta di questioni che possono avere un impatto significativo sul loro benessere e sulla loro felicità.

(20) Riflettere sugli esempi di tragedie come quelle scritte da Euripide e Sofocle, dove gli eventi sono guidati dalle apparenze.

(21) Considerate le conseguenze del non prestare attenzione alle apparenze e i potenziali risultati negativi che possono derivare dal seguire ogni apparenza.

CAPITOLO 29

— Sulla costanza

Nella lotta perpetua tra le forze del Bene e del Male, emerge una verità fondamentale: l'allineamento di una persona è determinato dalla natura della sua volontà. Ma come entrano in gioco i fattori esterni? Questi fattori esterni, visti come materiali per la Volontà, hanno il potere di plasmare la ricerca del bene o del male. La chiave sta nelle opinioni che si hanno su questi materiali. Opinioni corrette portano a una volontà virtuosa, mentre convinzioni distorte generano malvagità. È in questo ambito che prevale la legge di Dio, che proclama che la vera bontà deve provenire dall'interno. Pertanto, di fronte alle minacce di un tiranno, dobbiamo riconoscere che non è solo il nostro corpo fisico o i nostri beni a essere presi di mira, ma l'essenza stessa del nostro essere. Non dobbiamo temere il padrone di cose che sfuggono al nostro controllo, perché non esiste davvero un padrone del genere. La nostra vera paura dovrebbe risiedere nel permettere a forze esterne di influenzare la nostra volontà. Allora noi filosofi dovremmo insegnare a disprezzare i re? Certamente no, perché non si tratta mai di rivendicare il potere su ciò che possiedono. Dobbiamo invece capire che il vero potere sta nel comandare le nostre opinioni e nel rimanere fermi contro chiunque cerchi di dominarle. A differenza dei beni materiali, le opinioni non possono essere conquistate con la forza. Solo la Volontà stessa ha il potere di conquistare, e quindi prevale la legge di Dio: il più forte rimanga sempre superiore al più debole. Anche se le prove di Socrate possono sembrare ingiuste, dobbiamo riconoscere che è stata la forza dei suoi principi, non il suo essere fisico, a trionfare di fronte alle avversità. Mentre ci addentriamo nelle profondità di queste verità filosofiche, abbracciamo la saggezza dei saggi del passato, cercando una guida tra le complessità dell'esistenza.

Il potere della prospettiva

L'essenza del Bene è una volontà particolare, mentre l'essenza del Male è un tipo specifico di volontà. Quindi, che cosa sono esattamente gli esterni? Sono i materiali con cui la Volontà interagisce, attraverso i quali ottiene il proprio bene o il proprio male. Come ottiene il bene? Lo fa non attribuendo un valore eccessivo a questi materiali. Le opinioni sui materiali possono influenzare la Volontà. Se queste opinioni sono corrette, rendono la Volontà buona. Se invece le opinioni sono distorte, rendono la Volontà cattiva. Dio ha stabilito questa legge e dichiara: "Se vuoi qualcosa di buono, acquistalo da te stesso". Si potrebbe obiettare: "No, lo ottengo da un altro". Ma non è questo il modo. Dovete acquisirlo da voi stessi. Pertanto, quando un tiranno minaccia e chiama il mio nome, rispondo: "Chi stai minacciando?". Se dice: "Ti metterò in catene", rispondo: "Stai minacciando le mie mani e i miei piedi". Se mi dice: "Ti decapiterò", rispondo: "Stai minacciando la mia testa". Se minaccia di imprigionarmi, rispondo: "Stai minacciando tutto il mio corpo, che è già povero e fragile". Lo stesso vale per le minacce di esilio. "Allora non ti sta minacciando affatto?". Se mi rendo conto che nessuna di queste cose mi riguarda, allora non mi sta minacciando affatto. Se invece temo una di queste cose, allora mi sta minacciando. Di chi ho paura allora? Il padrone di cosa? Il padrone di cose che sono sotto il mio controllo? Non esiste un padrone del genere. Temo forse il padrone di cose che sono al di fuori del mio controllo? E che importanza hanno queste cose per me?

"Voi filosofi ci insegnate dunque a disprezzare i re?". Spero di no. Chi di noi insegna a rivendicare il potere su cose che i re già possiedono? Prendete il mio povero corpo, prendete le mie proprietà, prendete la mia reputazione, prendete coloro che mi circondano. Se consigliassi a qualcuno di rivendicare queste cose, avrebbe una valida accusa contro di me. "Sì, ma intendo anche controllare le vostre opinioni". E chi le ha dato questo potere? Come si fa a conquistare l'opinione di un'altra persona? "Applicandovi il terrore", risponde, "la conquisterò". Non sapete che le opinioni cambiano da sole e non vengono conquistate da qualcun altro? Ma nient'altro può vincere la volontà se non la volontà stessa. Pertanto, la legge di Dio è la più potente e giusta, che afferma: "Il più forte sia sempre superiore al più debole". "Dieci sono più forti di uno". Ma a quale scopo? Per imprigionare, per uccidere, per costringere qualcuno ad andare dove vuole, per togliergli i beni. I dieci, quindi, conquistano l'uno in questo aspetto in cui sono più forti. "Ma in quale aspetto i dieci sono più deboli?". Se l'uno possiede opinioni corrette e gli altri no. "Allora, possono i dieci conquistare in questo aspetto?". Come è possibile? Se fossimo messi su una bilancia, il lato più pesante non farebbe pendere la bilancia?

Che strano, dunque, che Socrate sia stato trattato in questo modo dagli ateniesi. Schiavo, perché dici Socrate? Parla della questione così com'è: è strano che uomini più forti abbiano portato via e trascinato in prigione il povero corpo di Socrate, e che qualcuno gli abbia somministrato la cicuta, facendogli spegnere la vita. Vi sembrano strane queste cose? Vi sembrano ingiuste? Si incolpa Dio per queste cose? Socrate non aveva un equivalente per queste azioni? Dov'era dunque la natura del bene per lui? Quale prospettiva dobbiamo seguire, la sua o la vostra? E cosa dice Socrate? "Qualunque cosa e Meleto possono uccidermi, ma non possono farmi del male". Inoltre, afferma: "Se è la volontà di Dio, sia così". Tuttavia, dimostratemi che chi ha principi inferiori sovrasta chi ha principi superiori. Non riuscirete mai a dimostrarlo, e nemmeno ad avvicinarvi, perché è legge di natura e di Dio che il superiore prevalga sempre sull'inferiore. Sotto quale aspetto? Nell'aspetto in cui è superiore. Un corpo è più forte di un altro: molti sono più forti di uno: il ladro è più forte del non ladro. Ecco perché anch'io ho perso la mia lampada perché, nella mia veglia, il ladro era più forte di me. Ma l'uomo ha pagato il prezzo della lampada: in cambio della lampada è diventato un ladro, una persona inaffidabile e simile a un animale selvatico.

Questo gli sembrò un buon affare. Bene, che sia così. Tuttavia, un uomo si è aggrappato al mio mantello e mi sta tirando verso la

CAPITOLO 29 — Sulla costanza

piazza. Poi altri gridano: "Filosofo, a cosa servono le tue convinzioni? Guarda, ti trascinano in prigione, sarai decapitato". E quale filosofia avrei potuto adottare affinché, se un uomo più forte avesse afferrato il mio mantello, non sarei stato trascinato via? Che se dieci uomini mi avessero afferrato e gettato in prigione, non sarei stato gettato dentro? Non ho imparato nient'altro, allora? Ho imparato a capire che tutto ciò che accade, se sfugge al mio controllo, non significa nulla per me. Potrei chiederle se non ne ha tratto vantaggio. Allora perché cerca di trarre vantaggio da qualcosa di diverso da ciò che ha già imparato essere vantaggioso?

Seduto in prigione, dico: "L'uomo che grida in questo modo non ascolta il significato delle parole, né comprende ciò che viene detto, né ha alcun interesse a conoscere ciò che i filosofi dicono o fanno. Lasciatelo stare".

Ma ora dice al prigioniero: "Esci dalla tua prigione". Se non avrai più bisogno di me in prigione, uscirò. Se invece avrai di nuovo bisogno di me, entrerò nella prigione. "Fino a quando ti comporterai così?" Fino a quando la ragione mi richiederà di stare con il corpo. Ma quando la ragione non lo richiede, togliete il corpo e addio. Solo che non dobbiamo farlo in modo sconsiderato, debole o per un motivo qualsiasi. D'altra parte, Dio non vuole che si faccia, e ha bisogno di un mondo simile e dei suoi abitanti. Ma se suona il segnale di ritirata, come ha fatto con Socrate, dobbiamo obbedire a colui che dà il segnale come se fosse un generale.

E allora, dovremmo dire queste cose alla maggioranza? Perché dovremmo? Non è sufficiente che una persona si convinca da sola? Quando i bambini vengono a battere le mani e a gridare: "Oggi sono i grandi Saturnalia", diciamo forse: "I Saturnalia non sono grandi?". Assolutamente no, ma anche noi battiamo le mani. Quindi, quando non riuscite a far cambiare idea a qualcuno, consideratelo un bambino, battete le mani con lui o, se preferite, restate in silenzio. Ricordate: quando vi trovate di fronte a una situazione difficile, è il momento di dimostrare ciò che avete imparato. Così come uno studente che si è esercitato a risolvere sillogismi complessi ne chiede di impegnativi, una persona che si trova in una situazione difficile cerca di esercitare le proprie conoscenze. Anche gli atleti preferiscono

CAPITOLO 29 — Sulla costanza

sfidare gli avversari e dire: "Non può sollevarmi". "Questa persona ha un carattere nobile". Ma quando arriva il momento dell'esame, uno di voi potrebbe piangere e dire: "Vorrei aver imparato di più". Imparare di più cosa? Se non avete imparato queste cose per applicarle nella pratica, perché le avete imparate? Credo che qualcuno tra voi sia seduto qui, soffrendo come una donna in travaglio, e dica: "Oh, vorrei avere una difficoltà come quella che affronta quest'uomo; oh, sto sprecando la mia vita nell'oscurità quando potrei essere celebrato a Olympia". Quando qualcuno mi annuncerà una gara del genere?". Questa dovrebbe essere la mentalità di tutti voi. Anche tra i gladiatori di Cesare, alcuni si lamentano amaramente perché non viene data loro la possibilità di combattere. Pregano Dio e supplicano i loro supervisori di essere accoppiati. Nessuno tra voi dimostrerà una simile mentalità? Mi imbarcherei volentieri in un viaggio per vedere cosa fa il mio atleta e come studia la sua materia. "Non mi piace quella materia", dicono. Ebbene, lo è?

Avete il potere di scegliere qualsiasi soggetto vogliate? Vi è stato dato un corpo, dei genitori, dei fratelli, un Paese e un posto in quel Paese. Eppure, venite da me e mi chiedete: "Cambia il mio soggetto". Non avete le capacità di gestire l'argomento che vi è stato dato? "È tuo dovere proporre; è mio dovere esercitarmi bene". Ma voi non dite questo. Invece, dite: "Non proponetemi questo argomento, proponetemi quello. Non discutere contro di me con questa obiezione, ma con quella".

Forse verrà un tempo in cui gli attori tragici penseranno di non essere altro che maschere, pelli e un lungo mantello. Io dico che queste cose, amico mio, sono il tuo materiale e il tuo soggetto. Dica qualcosa, così potremo sapere se è un attore tragico o un buffone, perché entrambi avete tutto il resto in comune.

Se qualcuno togliesse il camice e la maschera a un attore tragico e lo presentasse in scena come un fantasma, l'attore tragico è forse perduto? No, finché ha voce, rimane. Ecco un altro esempio: "Assumi il ruolo di governatore di una provincia". Lo assumo e, una volta assunto, dimostro come si comporta una persona competente. "Togliti i tuoi abiti eleganti e vestiti di stracci, poi presentati in questo personaggio". Non ho forse la capacità di parlare bene? Allora perché

CAPITOLO 29 — Sulla costanza

mi presento in questo modo? Come testimone convocato da Dio. "Vieni avanti e testimonia per me, perché sei degno di essere chiamato come mio testimone". Qualunque cosa al di fuori della propria volontà è buona o cattiva? Faccio del male a qualcuno? Ho fatto dipendere il benessere di ognuno da qualcuno che non sia lui stesso?". Che tipo di testimonianza offrite per Dio? "Sono misero, padrone e sfortunato. Nessuno si preoccupa di me, nessuno mi dà niente. Tutti mi rimproverano, tutti parlano male di me". È questa la prova che intendete presentare, disonorando la convocazione di qualcuno che vi ha conferito tanto onore e vi ha ritenuto degni di dare tale testimonianza?

Ma supponiamo che colui che ha il potere abbia dichiarato: "Ti giudico empio e profano". Che cosa vi è successo? "Sono stato giudicato empio e profano?". Nient'altro? "Nient'altro. Ma se la stessa persona avesse giudicato un ipotetico sillogismo e avesse fatto una dichiarazione: "La conclusione che, se è giorno, è luce, la dichiaro falsa", cosa è successo al sillogismo ipotetico? Chi è stato giudicato in questo caso? Chi è stato condannato? Il sillogismo ipotetico o l'uomo che ne è stato ingannato? Colui che ha il potere di fare qualsiasi dichiarazione su di te sa cosa è pio o empio? L'ha studiato e imparato? Dove? Da chi? Allora è un dato di fatto che un musicista non presta attenzione a colui che dichiara che la corda più bassa della lira è la più alta; e nemmeno un geometra se dichiara che le linee dal centro di un cerchio alla circonferenza non sono uguali; e colui che è veramente istruito presterà attenzione all'uomo non istruito quando si pronuncia su ciò che è pio e ciò che è empio, su ciò che è giusto e ciò che è ingiusto? Oh, il grave errore commesso dagli istruiti. L'hanno imparato qui? Non lascerete le piccole discussioni su questi argomenti agli altri, ai pigri, in modo che possano sedersi in un angolo e ricevere la loro misera paga, o brontolare perché nessuno dà loro nulla, e non vi farete avanti e farete uso di ciò che avete imparato? Perché non sono questi piccoli argomenti che servono ora; gli scritti degli Stoici ne sono pieni. Qual è, dunque, la cosa di cui c'è bisogno? Un uomo che li applichi, uno che, con le sue azioni, testimoni le sue parole. Supponiamo che vi esorti a incarnare questo carattere, in modo che nelle scuole non si usino più gli esempi degli antichi, ma si abbiano esempi propri.

A chi appartiene dunque la contemplazione di questi argomenti? A chi ha tempo libero, perché l'uomo è un animale che ama la contemplazione. Tuttavia, è disdicevole contemplare queste cose alla maniera degli schiavi fuggiaschi. Dovremmo invece sederci, come in un teatro, senza distrazioni, e ascoltare un momento l'attore tragico e un altro il suonatore di liuto. Non dobbiamo comportarci come gli schiavi. Quando uno schiavo prende posto, elogia l'attore e, allo stesso tempo, si guarda intorno. Se qualcuno chiama il nome del padrone, lo schiavo si spaventa e si turba immediatamente. È vergognoso per i filosofi contemplare le opere della natura in questo modo. Perché cos'è un padrone? L'uomo non è il padrone dell'uomo. La morte, la vita, il piacere e il dolore sono i veri padroni. Quando arrivano, come nel caso del tuono e del lampo, e io ne ho paura, cosa posso fare se non riconoscere il mio padrone come uno schiavo che fugge? Ma finché ho un po' di tregua da questi terrori, sto in teatro proprio come lo schiavo fuggiasco. Mi lavo, bevo, canto, ma tutto ciò avviene con terrore e inquietudine. Tuttavia, se mi libero dai padroni, cioè dalle cose che li rendono temibili, quali altri problemi o padroni mi restano? "Dovremmo allora pubblicare queste cose a tutti gli uomini?". No, ma dobbiamo adattarci e parlare agli ignoranti, dicendo: "Quest'uomo mi raccomanda ciò che pensa sia buono per sé. Lo perdono". Così come Socrate perdonò il carceriere che piangeva quando Socrate stava per bere il veleno, dicendo: "Come piange generosamente per noi". Socrate disse allora al carceriere: "Per questo abbiamo mandato via le donne"? No, l'ha detto ai suoi amici che possono sentire, e ha trattato il carceriere come un bambino.

Dalla lezione...

Abbracciate il potere dell'autosufficienza, riconoscete che le circostanze esterne non hanno alcun controllo reale sulla vostra pace e sul vostro benessere interiore e sforzatevi di vivere secondo i vostri principi ragionati e virtuosi.

All'azione!

(1) Riconoscere che l'essere del Bene è una certa Volontà, mentre l'essere del Male è un certo tipo di Volontà.

CAPITOLO 29 — Sulla costanza

(2) Comprendete che le cose esteriori sono materiali per la volontà, sui quali la volontà, conoscendo, otterrà il proprio bene o il proprio male.

(3) Rendetevi conto che le opinioni sui materiali determinano se la volontà è buona o cattiva.

(4) Riconoscete che Dio ha stabilito la legge secondo cui se volete qualcosa di buono, dovete riceverlo da voi stessi.

(5) Non temete le minacce o le intimidazioni esterne, perché non vi minacciano veramente se non permettete loro di influenzare la vostra volontà.

(6) Non cercate di rivendicare il potere su cose possedute da altri, come proprietà, reputazione o altre persone.

(7) Riconoscere che nessuno può conquistare la volontà di un'altra persona; solo la volontà stessa può conquistare o essere conquistata.

(8) Accettare che la legge della natura e di Dio impone che il più forte avrà sempre la meglio sul più debole nei rispettivi domini.

(9) Capire che quando si affrontano le difficoltà, è un'opportunità per applicare ciò che si è imparato e dimostrare la propria forza di carattere.

(10) Non preoccupatevi dei giudizi esterni o delle opinioni degli altri; concentratevi sulla vostra crescita e sul vostro sviluppo.

(11) Accogliete e accettate le circostanze e le condizioni di vita che vi sono state date, in quanto forniscono il materiale per la vostra crescita personale e il vostro progresso.

(12) Ricordate che tutto ciò che esula dalla vostra volontà è insignificante e non vi riguarda veramente.

(13) Quando vi trovate di fronte a sfide o difficoltà, ricordate che è un'opportunità per dimostrare la vostra comprensione e pratica della filosofia.

(14) Non preoccupatevi di convincere gli altri a cambiare idea, ma concentratevi sulla vostra crescita e sul vostro miglioramento.

(15) Riconoscere che i giudizi e le opinioni esterne su ciò che è pio o empio non hanno peso se provengono da persone non informate o non istruite.

(16) Non lasciatevi influenzare dai giudizi degli altri, ma rimanete fedeli ai vostri principi e applicateli alle vostre azioni.

(17) Non limitatevi a contemplare le idee filosofiche, ma applicatele nella vita e nelle azioni quotidiane.
(18) Rimanete concentrati e non distratti nella contemplazione di questioni filosofiche, evitando i comportamenti di uno schiavo in fuga.
(19) Riconoscete che i fattori esterni come la morte, la vita, il piacere e il dolore non hanno potere su di voi, a meno che non permettiate loro di influenzare la vostra volontà.
(20) Esercitare la resilienza di fronte alla paura e al terrore, riconoscendo la propria forza interiore e la propria autonomia.
(21) Mostrare comprensione e compassione verso coloro che potrebbero non comprendere i principi filosofici e considerare le loro raccomandazioni con pazienza e accettazione.
(22) Condividere le idee filosofiche con chi è ricettivo e capace di capire, piuttosto che cercare di convincere tutti.

CAPITOLO 30

— Cosa dobbiamo avere pronto nelle circostanze difficili

Nelle interazioni con le persone influenti, è essenziale ricordare che c'è sempre un'autorità superiore che osserva le vostre azioni. Invece di cercare l'approvazione di chi ha il potere, date la priorità al compiacimento di questo osservatore divino. Di fronte alle domande di questa entità superiore, riflettete sulle vostre convinzioni passate relative a temi come l'esilio, le relazioni, la morte e la vergogna. Riconoscete che la vostra prospettiva su questi argomenti è rimasta invariata. Comprendete che i fattori esterni al di fuori del vostro controllo non hanno alcun significato o potere su di voi. Considerate il concetto di Bene, caratterizzato da una forte volontà e da un'efficace gestione delle apparenze. In definitiva, l'obiettivo finale è seguire l'osservatore divino, al quale affermate la vostra dedizione. Equipaggiati con questa comprensione, interagite con fiducia con persone stimate e assistete al sorprendente contrasto tra la vostra prospettiva illuminata e le menti non illuminate che vi circondano. È probabile che vi domandiate quale sia lo scopo dietro gli elaborati preparativi fatti per le semplici apparizioni. È davvero questo che comporta il potere? Queste sale sfarzose e queste guardie sono davvero importanti? Riflettete sulle innumerevoli discussioni a cui avete partecipato, realizzando che la vera grandezza risiede nella profonda preparazione interiore che avete intrapreso.

CAPITOLO 30 — Cosa dobbiamo avere pronto nelle circostanze difficili

Riflessioni su grandezza e preparazione

Quando incontrate una persona di grande importanza, ricordate che c'è qualcuno al di sopra che vede anche lui quello che sta accadendo, e che dovreste mirare a piacere a Dio piuttosto che a chiunque altro. Pertanto, colui che sta in alto vi chiede: "Cosa dicevi dell'esilio, della prigione, della morte e della vergogna quando eri a scuola?". Dicevo che sono questioni di indifferenza. "Allora, ora cosa dici di loro? Sono cambiati in qualche modo?". No. "E tu sei cambiato?" No. "Mi dica, allora, quali sono le cose considerate indifferenti?". Cose che sfuggono al nostro controllo. "Dimmi, qual è la conseguenza di questa comprensione?". Le cose che sfuggono al nostro controllo non hanno alcun significato per me. "Mi parli anche del concetto di Bene, qual era la sua convinzione?". Una volontà che si allinea a ciò che dovremmo avere, e anche una saggia percezione delle cose. "E qual è l'obiettivo finale? Seguire Te. "Dici ancora la stessa cosa adesso?". Dico ancora le stesse cose.

Poi andate con coraggio alla presenza di persone importanti e ricordate queste cose. Vedrete come si comporta un giovane che ha studiato queste cose quando è circondato da uomini che non le hanno studiate. Posso immaginare che avrete pensieri come questi: "Perché ci prepariamo così tanto per niente? È questo che si chiama potere? È questa la sala d'attesa? Sono questi i consiglieri fidati? Sono queste le guardie armate? È per questo che ho ascoltato tanti discorsi? Tutto questo è insignificante, ma mi sono preparato per qualcosa di grande".

Dalla lezione...

Tenete sempre presente che le opinioni e le situazioni degli altri non hanno alcuna importanza se confrontate con le vostre convinzioni su ciò che è veramente importante nella vita.

All'azione!

(1) Ricordate che c'è sempre un potere superiore che veglia su di voi, quindi date la priorità al piacere di quel potere rispetto agli altri.

(2) Riflettete sulle vostre precedenti convinzioni e opinioni su questioni importanti come l'esilio, i legami, la morte, il disonore, e stabilite se sono cambiate o rimaste invariate.

(3) Riconoscete che le cose indipendenti dalla vostra volontà sono irrilevanti per voi.
(4) Capire che l'obiettivo finale è avere una volontà allineata con ciò che è giusto e utilizzare le apparenze in modo appropriato.
(5) Sforzatevi di seguire il potere superiore in tutte le azioni e le decisioni.
(6) Entrate con fiducia in qualsiasi riunione influente o importante e tenete a mente questi principi.
(7) Osservate come chi non ha studiato questi principi possa pensarla diversamente da voi e rimanete fermi nelle vostre convinzioni.
(8) Mettere in discussione il significato di costrutti sociali come il potere, le anticamere, gli uomini di camera e le guardie armate, e rendersi conto che hanno poca importanza.
(9) Riflettere sul tempo investito nell'apprendimento e nello studio per prepararsi a qualcosa di più grande.

INDICE

abbracciare, 15, 27, 43, 63, 65, 84
abbracciare le circostanze attuali, 63
abilità, 33, 39, 40, 41
accade, 27, 29, 30, 31, 60, 128, 130, 140
Accademici, 127, 128, 129, 130
accettare, 21, 23, 24, 34, 35, 36, 40, 46, 60, 63, 66, 83, 109, 110, 121, 123, 129, 130
accettare le circostanze attuali, 63
accettare le conseguenze, 35
accettazione, 4, 5, 145
accuse, 30, 71, 114
Achille, 56, 105, 106, 118, 133, 134, 136
acqua calda, 65, 66
acquisire, 35, 73, 74, 100, 101, 133
adatto, 3, 44, 124, 132, 135
adorare Dio, 21
adultero, 88
affari, 19, 46, 59, 69, 70, 109
affari terreni, 59
affetto, 53, 55, 57, 110
affetto naturale, 110
affettuoso, 57
Agamennone, 105, 106, 118, 134
agire in modo conforme alla natura, 123
Agrippino, 4, 5, 8
aiuto, 46, 74, 128
al di là della propria posizione, 103
altari, 20, 21

altri, 9, 10, 11, 15, 19, 23, 25, 30, 35, 37, 40, 41, 43, 44, 47, 48, 50, 54, 55, 59, 61, 63, 66, 67, 72, 73, 74, 77, 80, 83, 84, 85, 87, 88, 90, 91, 94, 96, 103, 104, 108, 110, 114, 115, 116, 117, 118, 120, 121, 126, 129, 130, 139, 140, 142, 143, 144, 148
alunni, 50
amare, 50
ambizioni, 51
ammettere, 18, 33, 34, 35, 38
ammirare, 46, 109, 110, 124
ammirazione, 96
andare, 3, 45, 47, 113, 116, 129, 139
animale, 14, 28, 50, 139, 143
animali, 15, 28, 31, 44, 77, 78, 79, 83, 95, 110, 135
animalità, 13
anime, 69, 70, 71
anticamere, 149
Antistene, 82
apparenza, 100, 101, 129, 132, 136
apparenze, 1, 2, 4, 5, 14, 15, 28, 38, 40, 41, 62, 63, 99, 100, 101, 124, 125, 126, 128, 130, 132, 134, 135, 136, 147, 149
applicare, 25, 105, 130, 144
apprendimento, 37, 54, 108
apprezzare, 32, 121
approcci alternativi, 25

appropriato, 2, 8, 34, 78, 79, 80, 132, 135, 149
arazzo dell'esistenza, 27
argomentare, 41
argomenti ipotetici, 36, 38, 118, 123, 124, 125
argomenti sofistici, 33, 37
Aricia, 4
armonia, 63, 129
arrabbiato, 73, 74, 89, 133
arrogante, 93
arroganza, 14, 39, 40, 82
arte, 60, 73, 99
arti, 99, 100, 101
aspettarsi, 75
aspettative della società, 7, 48, 96, 109
aspetto, 8, 10, 30, 39, 79, 83, 133, 139
assediato, 119
assenso, 83
assistenza, 48, 55, 91
astenersi, 33, 43, 71
Atene, 119
ateniese, 44
atleta, 9, 18, 89, 90, 91, 114, 115, 141
attaccamenti superficiali, 96
attaccamento, 93, 109
attenzione, 1, 18, 23, 29, 34, 38, 65, 67, 100, 101, 117, 125, 134, 136, 142
atti, 28
atti e fini, 28
attività, 39, 40, 41, 49, 50, 51, 79, 110, 121
attore, 141
attori, 116, 141
attratto, 8
attributi fisici, 41
autonomia, 145
auto-riflessione, 1, 99
autorità, 46, 49, 61, 66, 93, 116
autostima, 96, 121
avversione, 18, 20
avversità, 4, 11, 113, 138
azione, 71, 83, 134

azioni, 7, 11, 15, 17, 43, 47, 48, 49, 51, 53, 54, 55, 56, 57, 62, 63, 65, 66, 69, 84, 85, 87, 88, 90, 96, 101, 103, 104, 105, 106, 108, 111, 116, 117, 121, 123, 125, 127, 131, 132, 133, 134, 135, 136, 139, 142, 144, 145, 147, 149
bagno, 4, 107, 129
bagno freddo, 4
bambino malato, 57
bandito, 3
bastoni, 133
Batone, 9
bellezza, 79, 88
bello, 9, 40, 78
bene, 2, 4, 5, 10, 20, 21, 40, 41, 45, 50, 54, 61, 62, 63, 73, 82, 88, 89, 90, 94, 97, 100, 101, 105, 106, 107, 108, 109, 110, 115, 117, 118, 119, 120, 124, 133, 134, 136, 137, 138, 139, 141, 144
Bene, 8, 82, 105, 107, 137, 138, 139, 143, 147, 148
bene comune, 97
bene dell'uomo, 41
benedire la divinità, 78
benedizioni, 30, 79
benefici, 79
benefico, 132
benessere, 11, 75, 96, 97, 116, 120, 121, 136, 142, 143
benessere personale, 75
beni esterni, 110, 115
beni materiali, 73, 109, 116, 126, 137
bere, 28, 45, 143
bicchiere di latte, 77
bottiglia, 114
breve, 10, 45, 47, 73
breve incontro, 73
bruciato, 36
buio, 70, 91
buoi, 133
calunniatore, 13, 14

cambiare, 19, 23, 24, 39, 63, 90, 128, 130, 140, 144
cambiare idea, 140, 144
camera, 95
camera da letto, 95
Campidoglio, 36, 95
cantare, 2, 4, 78, 79
cantare inni, 78, 79
capacità di ragionamento, 38, 123
capire, 20, 25, 28, 31, 33, 34, 37, 50, 51, 63, 71, 82, 106, 108, 116, 124, 137, 140, 145
Capire, 5, 24, 37, 41, 84, 96, 130, 134, 135, 144, 149
carattere, 10, 11, 46, 74, 119, 141, 143
caratteristiche, 63
carcassa, 48
carne, 13, 14, 15, 106
case, 133
catene, 3, 19, 138
cattura di bambini, 136
cautela, 33, 38, 39
cena, 4
cercare, 18, 33, 35, 38, 48, 51, 61, 74, 87, 96, 103, 104, 117, 120, 121, 125, 126, 128, 129, 130, 132, 145, 147
cercare l'ammirazione, 103, 104
certe apparenze, 100
Cesare, 9, 13, 14, 15, 44, 50, 69, 71, 72, 95, 141
Che tipo di problemi, 117
cibo, 8, 20, 44, 54, 77, 79
cicogne, 133, 135
cieco, 88
circostanze, 3, 6, 9, 11, 17, 30, 43, 47, 48, 57, 61, 63, 65, 75, 90, 91, 96, 105, 113, 115, 116, 120, 121, 127, 128, 130, 143, 144
circostanze esterne, 6, 11, 43, 48, 57, 63, 90, 91, 96, 120, 121, 127, 128, 143
città, 43, 50, 133, 134, 135
cittadino del mondo, 43, 44
Cleante, 82
coerente con la ragione, 55, 57

coinvolto, 100
collaborazione, 51
colori, 28, 54, 62
colpa, 91, 135
colpire, 119
coltello, 28
coltivazione della virtù, 73
comanda, 70
comando, 71, 114
compagni, 2, 5, 61
compassione, 65, 66, 132, 145
compassionevole, 87
competenza, 74
compimento, 27
compiti, 49, 51, 94, 126
complessità della percezione, 127
componenti, 33
comportamento, 15, 48, 53, 54, 87, 108, 110, 120
comportamento corretto, 108
comportamento umano, 53, 110
comprendere, 2, 17, 23, 25, 28, 31, 35, 37, 55, 57, 69, 70, 79, 80, 81, 84, 90, 101, 121, 124, 126, 133, 134, 145
comprendere la volontà, 81, 84
comprendere la volontà della natura, 81, 84
comprendere questioni complesse, 126
comprensione più profonda, 34, 38
compromessi, 7
comunicare, 44
comunicazione, 21
comunità, 44, 47, 136
comunità sociale, 136
concentrarsi, 17, 21, 120, 121
conflitti, 74, 105
conflitti storici tra culture diverse, 105
conflitto, 73, 105
conforme, 7, 19, 21, 44, 55, 63, 74
conforme alla natura, 7, 19, 21, 44, 55, 63, 74
conforto, 127
confronto, 41
connessione primordiale, 13

INDICE

conoscenza, 18, 21, 51, 59, 60, 110, 126, 128
conquistare, 137, 139, 144
consapevolmente, 23, 131
conseguenze, 11, 23, 33, 36, 38, 51, 60, 108, 110, 135, 136
conseguenze negative, 108
conseguenze valide, 33
considerare, 47, 60, 71, 125, 131, 145
Considerare, 41, 47, 84
consiglio, 73, 75, 110, 132
contatto con Dio, 70
contempla, 1, 29, 31, 99, 100, 143, 145
contemplare, 1, 4, 27, 49, 53, 59, 99, 100, 143, 145
Contemplare, 71, 84
contemplazione, 1, 29, 31, 143, 145
contentezza, 4, 65
conti, 50
contraddizione, 24, 25, 55, 105, 107, 123
contrario, 34, 75, 78, 100, 109, 128, 131
contro, 11, 30, 61, 88, 113, 128, 129, 130, 137, 138, 141
controllo, 2, 3, 4, 17, 18, 19, 32, 56, 58, 62, 63, 69, 88, 89, 91, 93, 96, 106, 108, 114, 117, 120, 137, 138, 140, 143, 147, 148
convalida, 48, 121
conversazioni, 121
convincere, 23, 40, 73, 125, 144, 145
coraggio, 31, 47, 110, 113, 114, 115, 116, 148
coro, 115
corpi celesti, 69
corpo, 2, 5, 6, 10, 14, 15, 43, 45, 46, 47, 54, 56, 61, 62, 77, 89, 94, 100, 101, 106, 108, 114, 119, 129, 137, 138, 139, 140, 141
corretto, 2, 15, 28, 33, 34, 37, 62, 99, 100, 128, 129
cose, 1, 2, 3, 4, 5, 8, 9, 17, 18, 20, 21, 27, 28, 29, 30, 31, 32, 35, 36, 37, 39, 40, 44, 45, 46, 50, 54, 56, 57, 59, 60, 61, 62, 63, 66, 69, 70, 71, 73, 74, 77, 78, 79, 80, 81, 82, 83, 84, 87, 88, 90, 91, 94, 95, 96, 97, 99, 100, 103, 106, 107, 108, 110, 114, 116, 117, 118, 120, 123, 124, 125, 127, 128, 130, 131, 133, 137, 138, 139, 140, 141, 143, 144, 148, 149
cose buone, 17, 20, 106
cose cattive, 17, 20, 128
cose d'oro, 2
cose esterne, 4, 8, 20, 21, 74, 91, 130
cose visibili, 28, 31
costituzione delle cose, 63
costrutti sociali, 149
creazioni della natura, 77
credenza, 129
credenze, 59, 62, 107
credibilità, 126
crescita, 20, 32, 41, 51, 67, 69, 70, 74, 79, 115, 130, 144
crescita personale, 51, 144
Creso, 10
crimini, 37
Crisippo, 18, 20, 21, 50, 81, 82, 84
criterio, 54, 57, 82
cultura, 51
cura, 2, 5, 10, 11, 44, 50, 70, 78, 79, 83, 85, 93, 94, 96, 100, 107, 109
cura di sé, 11
da Dio, 5, 15, 31, 44, 47, 118, 142
Daemon, 70, 71
danno, 54, 88, 90, 96, 100, 106, 108, 133
dare priorità, 51, 125
dato, 2, 4, 5, 6, 20, 28, 29, 30, 31, 48, 61, 71, 78, 114, 117, 120, 139, 141, 142
debolezza, 23, 24
decapitato, 140
decapitazione, 3
decisioni, 7, 57, 103, 120, 149
decisioni mirate, 103

dedicato, 20, 94
dedizione, 51, 147
degno di fiducia, 118
dei, 2, 5, 13, 14, 15, 17, 19, 20, 27, 31, 37, 43, 44, 46, 47, 49, 51, 53, 54, 56, 59, 60, 61, 62, 63, 65, 66, 67, 71, 74, 78, 82, 83, 84, 89, 90, 94, 95, 97, 100, 101, 103, 106, 107, 108, 109, 110, 111, 113, 114, 115, 121, 126, 127, 129, 130, 133, 134, 135, 137, 140, 141, 144
delusione, 18
Demetrio, 119
demone sfavorevole, 118
denaro, 34, 39, 46, 89, 91
depressione, 56
desiderare qualcosa, 128
desideri, 18, 20, 45, 48, 51, 55, 60, 83, 84, 87, 96, 103, 104, 128, 130
desiderio, 4, 17, 18, 19, 20, 21, 28, 31, 49, 83, 84, 93, 127, 130
desiderio di congiunzione, 31
deviare, 51
di ferro, 89
diadema, 115
dialogo, 53
differenza, 9, 25, 100, 133, 135, 137
difficoltà, 24, 30, 31, 47, 107, 110, 113, 115, 125, 126, 141, 144
difficoltà della vita, 113, 125
diligenza, 38, 49
Dio, 3, 14, 15, 20, 27, 28, 29, 30, 31, 32, 43, 44, 45, 46, 47, 48, 50, 69, 71, 78, 79, 80, 83, 85, 101, 113, 137, 138, 139, 140, 141, 142, 144, 148
Diogene, 113, 114, 116
discernimento, 10, 34
disciplina, 7, 11, 130
discussione, 7, 41, 53, 56, 57, 87, 101, 108, 121, 131, 136, 149
discussioni, 39, 130, 142, 147
disegno della creazione, 27
disgrazia, 4, 29, 46, 56

disonore, 148
disposizione, 27, 31, 40, 41, 55
disposizione della volontà, 40, 41
disposizioni, 77
disprezzare, 137, 138
dissenso, 87, 90
distinguere, 5, 17, 29, 33, 35, 37, 40, 57, 78, 81, 82, 84, 88, 107
distinguere tra proposizioni vere e false, 37
distinzione tra me e gli altri, 127
distinzioni, 77, 79
distinzioni naturali, 79
distrarre, 29, 51
distrutto, 88
distruzione, 133, 135, 136
disturbato, 94
disumano, 88
divinità, 79, 89
divino, 13, 14, 15, 31, 43, 59, 60, 69, 79, 147
dolore, 7, 9, 18, 56, 89, 91, 114, 116, 128, 143, 145
dolore fisico, 7
dolori, 47
doloroso, 29
domande pressanti, 117
donna, 62, 132, 141
donne, 78, 134, 143
doppiezza, 13
dormire, 28, 50, 100
dovere verso Dio, 48
e la luce dimostrano l'opera di un creatore, 31
Ebrei, 106
eccellere, 35, 41
eccessivo, 15, 17, 29, 55, 119, 138
Edipo, 20, 115
Egiziani, 106
ego, 93, 96
Elena, 132, 135
elevato, 31, 95
empio, 129, 142, 144
emulare, 51
entità esterne, 108
Epafrodito, 3, 95, 124
Epicuro, 100, 109, 110

Epitteto, 2, 9, 10, 23, 45, 50, 53, 54, 73, 74, 75, 123, 124
equanimità, 65, 66
Ercole, 30
eredità, 15
errore, 36, 38, 100, 114, 124, 142
esame, 34, 36, 53, 125
esaminare, 1, 2, 23, 35, 36, 37, 43, 57, 59, 81, 82, 84, 99, 100, 117, 126
esaminare criticamente, 126
esaminare le apparenze, 99, 100
esempi, 5, 136, 143
esercitare, 21, 31, 73, 140
esercizi, 39, 125
esercizi teorici, 125
esercizio, 4, 29
esibirsi, 8
esilio, 3, 138
esistenza, 1, 13, 79
esistenza divina, 13
esistenza mortale, 13
esperienze sensoriali, 27
esplorazione, 7, 23, 73, 81, 87
essere divino, 59, 60
essere fisico, 138
esseri, 14, 15, 28, 31, 43, 44, 60, 65, 77, 109, 128, 132, 136
esseri umani, 14, 31, 60, 65, 77, 128, 132, 136
esterno, 48, 73
Euripide, 134, 136
eventi, 136
evitare, 4, 5, 14, 15, 17, 18, 19, 20, 21, 33, 34, 36, 38, 65, 93, 110, 128
evitare le contraddizioni, 38
facoltà, 1, 2, 4, 5, 25, 27, 28, 29, 30, 31, 32, 41, 62, 63, 81, 84, 99, 100, 123, 125, 126, 132
facoltà di governare, 100
facoltà grazie alle quali sarete in grado di sopportare tutto ciò che accade, 29
facoltà interiore, 123
facoltà razionale, 1, 2, 4, 5, 25
false credenze, 84, 96

falsità, 33, 35, 37, 83, 131, 132, 135
falso, 34, 35, 82, 131, 135
fama, 114, 116
famiglia, 44, 53, 63, 108
fango, 133
fardelli, 45, 47
fare accuse, 30
fastidio, 62, 127, 128
fattori esterni, 2, 5, 8, 17, 57, 63, 74, 90, 96, 129, 137, 145, 147
febbri, 125
fedele, 19
fedeltà, 15, 69, 118, 136
felice, 106, 115
Felicita, 95
felicità, 15, 17, 20, 21, 53, 90, 96, 108, 115, 116, 121, 134, 136
Fenice, 134
fermezza, 133, 136
fico, 74
Fidia, 29
fiducia, 121, 147, 149
figli, 3, 53, 55, 56, 61, 63, 106, 107, 109, 110, 124, 132, 135
figlia, 53, 107
figure, 34, 35
filo d'erba, 77
filosofi, 3, 17, 20, 21, 40, 44, 56, 84, 87, 100, 101, 107, 120, 123, 124, 127, 137, 138, 140, 143
filosofia, 40, 41, 73, 74, 107, 120, 123, 124, 125, 140, 144
filosofo, 9, 10, 39, 40, 41, 43, 44, 84, 100, 103, 109, 123
finestra, 89
folle, 30
follia, 4, 60
forma fisica, 13
formazione, 36, 47, 54, 57
forme, 39, 41
forte, 40, 110, 123, 139, 147
fortuna, 17, 18, 20, 21, 120
forza, 10, 11, 23, 24, 25, 30, 47, 48, 82, 90, 91, 109, 117, 129, 137, 144, 145
forza d'animo, 25
forza di carattere, 144

forza guida divina, 117
forza interiore, 48, 90, 145
fratello, 9, 66, 73, 74, 119
frustrazione, 65
frutto, 20, 74
frutto di un fico, 74
fumo, 119
fuoco, 25
futuro, 47, 51, 54, 83, 89, 114
gamba, 3, 61, 89, 94
generazione, 61
genitori, 55, 61, 62, 63, 106, 111, 124, 128, 141
genitorialità, 53
germogli, 70
ghirlande, 115
gioco, 118, 137
gioia, 116
giorno, 3, 10, 50, 51, 57, 118, 125, 131, 142
giovane, 40, 53, 90, 113, 124, 148
giudizi, 1, 4, 101, 127, 129, 136, 144
giudizi esterni, 144
giudizio, 1, 67, 70, 87, 124, 125, 126, 128, 129
giuramento, 71, 72
giurare, 71
giusto, 5, 9, 53, 54, 55, 57, 59, 60, 65, 100, 106, 107, 118, 124, 128, 132, 136, 142, 149
giusto uso, 5, 100
gonfiato, 93, 96
grammatica, 1, 4, 5
grande, 4, 20, 27, 33, 40, 55, 70, 74, 79, 82, 100, 101, 103, 116, 133, 136, 148
grandezza, 11, 29, 30, 32, 46, 48, 62, 89, 113, 147
grandezza d'animo, 29, 30, 32, 46, 48, 62
grano, 20, 49, 50, 51, 82
gratitudine, 31, 63, 77, 79, 80
guardiano, 70, 71
guardie armate, 148, 149
guerre, 107, 135

guida, 33, 47, 51, 73, 75, 101, 120, 123, 138
Gyarus, 119
idee, 59, 84, 109, 121, 145
idee filosofiche, 121, 145
ignorante, 125
ignoranza, 54, 124
il letto più morbido, 114
illuminare, 70
imparare, 8, 11, 18, 19, 35, 50, 51, 60, 63, 106, 124
imparato, 7, 17, 19, 34, 82, 124, 140, 142, 144
impatto, 51, 97, 136
impatto duraturo, 97
impedimenti, 2, 19, 30, 117
impegnarsi, 36, 110, 121
impegno, 69
impiccarsi, 8
implicazioni, 25, 37, 47, 62, 84, 109, 110
importanza, 3, 10, 96, 138, 148, 149
impressioni, 27, 28, 31, 37, 69, 70, 71
in accordo con la natura, 8, 74, 103, 104, 106, 108, 125
in forma, 114
incarnare, 11, 65, 142
incarnare la giustizia, 65
inconvenienti, 65, 91
indifferente, 59
indigestione, 125
indipendente, 18, 83
individui difficili, 65
individui potenti, 47, 116
individuo maligno, 13
infelice, 18, 19, 47, 118
infelicità, 53
influenzato, 88
ingannare, 35, 101, 134
ingannato, 36, 70, 88, 132, 135, 142
inghiottire, 125
ingiusto, 55, 142
ingoiare, 129
inni, 79, 80

insegnamenti, 6, 17, 21, 47, 81, 100, 120, 121
insegnamenti filosofici, 6, 121
insegnanti, 126
insignificante, 144, 148
insignificanza, 13
insoddisfazione, 63
insulti, 121
intelligenza, 15
intenzioni, 49, 95, 104, 127
interazioni con gli altri, 63
interconnessione, 27
interesse, 61, 100, 107, 129, 140
interesse personale, 129
interessi, 11, 95, 107, 108, 129, 130
interessi personali, 108, 130
interpretare, 82, 118
interpretare Agamennone e Achille, 118
interpretazioni diverse, 107
interprete, 29, 82
interpreti, 27
intollerabile, 7, 8, 11
inventato, 78, 100
invidiare, 46
invincibile, 89, 91
involontariamente, 82, 131, 132
ipotesi, 36, 38
Ippocrate, 40
irragionevole, 55
irrazionale, 7, 8, 11
ispirare, 51
istinti naturali, 104, 106
istruttore, 19, 43, 45, 47
la facoltà di vedere, 28, 31
la morte, 3, 8, 19, 21, 45, 56, 62, 90, 91, 114, 116, 128, 130, 145, 147, 148
la natura minaccia, 119
la porta è aperta, 115, 119
la vita di ogni uomo, 73
Lacedemoni, 7
ladri, 45, 61, 88
ladro, 45, 88, 139
lamentarsi, 31, 63
lamento, 56
lampada, 89, 101, 139

Laterano, 3, 5
laticlave, 114
lavoro, 19, 27, 36, 45, 49, 50, 51, 57, 100
legame prezioso, 110
legge della natura, 144
legge della vita, 123
leggere, 18, 19, 50
leggi divine, 67
leggi terrene, 65
legno, 73, 82
leoni selvaggi, 13
lettore, 124
liberazione, 44, 47, 121
libero, 19, 60, 62, 89, 94, 117, 143
libertà, 47, 60, 61, 63, 84, 85, 93, 113, 114, 120, 121
libertà dalla paura, 47
libri, 18, 19, 20, 21, 101
lingua, 4, 82
lodare, 27, 79, 80
lodare la Provvidenza, 27
logica, 81, 82, 84
lottatore, 113, 115
lotte, 126
luce, 20, 23, 28, 71, 105, 142
lumaca, 101
lupi, 13, 14, 110
lupo, 110
madre, 55, 62, 110
maestro, 23, 45
magistrato, 53
malato, 55
male, 36, 45, 46, 50, 54, 88, 90, 100, 101, 105, 108, 114, 117, 118, 120, 124, 128, 132, 133, 134, 136, 137, 138, 139, 142, 144
mali, 134
mancanza, 23, 32, 54, 91, 99, 100, 110
mangiare in modo accettabile per gli dei, 65
mani, 29, 55, 79, 95, 138, 140
mantenere, 61, 63, 65, 66, 75, 103, 108, 114, 127, 130
mantenere la compostezza, 65

materia, 19, 123, 134, 141
materiali, 43, 77, 124, 137, 138, 144
matrimonio, 53
mattoni, 133
maturare, 70, 74
Medea, 132, 135
mediocrità, 13
meditare, 3, 6
meditato, 118
meglio personale, 11
melodia, 4
Menelao, 132, 135
mentalità, 4, 6, 43, 47, 61, 63, 93, 116, 141
mente, 13, 20, 23, 29, 45, 59, 60, 62, 63, 74, 83, 85, 119, 149
messo da parte, 110
metafore, 25
miglioramento, 11, 17, 18, 20, 21, 24, 51, 104, 115, 123, 144
Milo, 10
miseria, 119
misura, 21, 39, 62, 82, 132, 134, 135
modestia, 14, 15, 133, 136
moglie, 53, 55, 88, 132, 135
molte parole, 100
molto, 8, 13, 14, 29, 39, 46, 78, 96, 113, 119, 123, 133
momento presente, 2, 47, 113
mondo, 23, 27, 29, 31, 43, 44, 47, 50, 51, 59, 61, 63, 77, 101, 117, 140
mondo naturale, 77
moneta, 100
moralmente giusto, 121
morte, 4, 5, 25, 47, 56, 84, 115, 119, 128, 129, 133, 143, 148
mostrare agli altri i loro errori, 90
movimenti, 103
movimenti naturali, 103
mulino, 129
musica, 1, 4, 5, 60, 124
musicista, 100, 142
natura, 2, 3, 5, 7, 14, 15, 17, 19, 20, 23, 28, 31, 43, 50, 53, 54,
57, 61, 62, 66, 71, 77, 78, 79, 81, 82, 84, 85, 88, 90, 93, 95, 96, 99, 100, 101, 103, 105, 107, 108, 109, 110, 116, 121, 127, 128, 129, 131, 135, 137, 139, 143
natura della comprensione, 131, 135
natura ingannevole delle apparenze, 127
natura sociale innata, 109
natura transitoria, 116
natura universale, 101
naturale, 47, 54, 55, 61, 69, 71, 91, 109, 110, 123
nave, 93, 114
necessario, 8, 34, 35, 36, 38, 40, 44, 54, 60, 62, 71, 74, 103
negativo, 24, 25
nemico, 114
Nerone, 3, 8, 119
nessuna, 1, 4, 33, 34, 100, 114, 138
nessuno, 2, 14, 60, 71, 83, 91, 95, 114, 119, 125, 129, 132, 133, 142, 144
Nicopoli, 96
nidi, 133, 135
non adatto, 135
non coinvolto, 59
non redditizio, 8, 135
notte, 8, 118, 131
numero, 131
nutrimento, 47
obbedienza, 69
obbedire, 118, 140
obiettivi, 51
obiettivo, 83, 93, 123
obiezioni, 127, 129, 130
occupato, 117
occupazione, 40, 41
odio, 90
odori, 54
offeso, 120
oggetti, 28, 31, 99, 104, 110
Olimpia, 29
onorare, 31, 71, 72, 77
onorare se stessi, 71, 72

onore, 142
opinione, 9, 23, 59, 83, 84, 88
opinioni, 15, 54, 56, 57, 60, 62, 81, 82, 84, 87, 89, 90, 93, 94, 95, 115, 119, 121, 127, 129, 130, 134, 136, 137, 138, 139, 144, 148
opinioni comuni, 127
opportunità, 11, 32, 115
opprimere, 48
oracolo, 110
ordine, 61, 66
ordini, 118, 120, 121
orgoglio, 13, 14, 15, 41
origine, 13, 132, 135
osserva, 147
osservare, 83, 118, 123
osservatori, 27
ostacolare, 23, 30, 83, 84, 93
ostacolato, 2, 93, 94
ostacoli, 2, 4, 5, 30, 84, 91, 117, 128, 130
ottenere cose buone, 108
pace, 21, 49, 51, 91, 143
pace interiore, 91
padre, 14, 15, 30, 36, 44, 61, 62, 106, 110, 124
palazzi, 115
palazzo imperiale, 50
paradossi, 120
parentela, 15, 44, 45, 47, 48, 65
Paride, 132, 133, 135, 136
parole, 1, 2, 4, 49, 50, 51, 56, 78, 88, 100, 113, 140, 142
parte, 2, 9, 14, 20, 24, 45, 47, 54, 61, 70, 71, 73, 74, 78, 83, 101, 107, 119, 125, 126, 129, 140
parti di Lui, 70
particolare, 28, 41, 93, 96, 99, 101, 138
passione, 132, 135
Patroclo, 56, 133
paura, 9, 11, 18, 30, 43, 44, 83, 84, 114, 115, 116, 117, 120, 127, 128, 130, 137, 138, 143, 145
paura della morte, 83, 84, 127, 128
paure, 48, 113

pazienza, 66, 74, 145
pazzi, 103, 104, 134
pazzo, 107
pecora, 110
pedagogo, 55
pensare, 46, 58, 70, 88, 118, 132, 135
pensieri, 14, 15, 45, 62, 71, 101, 121, 148
pensieri negativi, 121
percepire, 24, 27, 70, 71, 121
percezione, 7, 14, 24, 25, 56, 69, 71, 88, 93, 125, 129, 148
perdere di vista, 117
pericoli, 23, 39, 41
perseguimento, 56, 67, 83
perseguire, 2, 5, 17, 69, 84, 103, 105, 132
persona, 3, 7, 8, 9, 14, 18, 19, 24, 25, 27, 33, 34, 35, 36, 40, 46, 50, 54, 59, 60, 66, 69, 74, 82, 83, 88, 89, 90, 93, 94, 95, 97, 109, 113, 119, 120, 123, 124, 128, 132, 135, 137, 139, 140, 141, 142, 144, 148
persona saggia e virtuosa, 59, 60
persuadere, 41
persuasione, 40, 41, 87
perturbazione, 130
pesare, 81, 82
peso, 144
petizione, 50
pezzo di terra, 73, 129
piacere, 8, 91, 114, 116, 143, 145, 148
piante, 69, 70, 71
piccole cose, 89, 91
pietà, 46, 48, 88, 90, 94, 129, 130
pietra, 96, 119
pigrizia, 49, 51
pioggia, 90, 91, 94, 107
Pirro, 128, 130
più debole, 137, 139, 144
più forte, 137, 139, 140, 144
più grande, 13, 47, 54, 79, 100, 101, 149
Platone, 40, 132

popolarità, 116
portafoglio, 114
posizioni, 48, 96, 97, 116
possesso, 1, 2, 5, 10, 73, 119
possibilità, 3, 4, 21, 34, 36, 84, 120, 127, 130, 141
potente, 44, 118, 139
potenziale, 11, 13, 38, 41
potere, 1, 3, 4, 5, 9, 19, 24, 25, 27, 28, 29, 30, 31, 39, 40, 43, 45, 48, 61, 62, 63, 65, 67, 70, 77, 79, 81, 82, 91, 93, 96, 116, 117, 119, 120, 121, 127, 128, 137, 138, 141, 142, 143, 144, 145, 147, 148, 149
potere dell'abitudine, 127
potere di discernimento, 63
potere su di voi, 116, 145, 147
poteri, 30, 31, 32
povero corpo, 3, 45, 119, 138, 139
povertà, 114, 116
pratica, 33, 35, 36, 37, 39, 120, 125, 128, 141, 144
praticare, 31
precetti, 118, 120
precetti di Dio, 118, 120
precognizioni, 105, 107, 108, 118, 130, 136
precognizioni naturali, 108
preconcetti, 7, 107
pregare, 5, 55
premesse, 34, 35, 37
prendere decisioni, 121
preparativi, 147
preparazione, 36, 99, 100, 147
presente, 47, 55, 70, 71, 113, 119, 148
presenza divina, 69
preservare, 77
presunzione, 39, 40
prigione, 3, 19, 21, 61, 139, 140, 148
principi, 11, 17, 19, 21, 37, 67, 73, 75, 87, 117, 123, 135, 138, 139, 143, 144, 145, 149
principi della natura, 73
principi filosofici, 145

principi fondamentali, 19
principi ragionati, 143
Prisco Elvidio, 9
privato, 8
problemi, 74, 109, 110, 129, 143
processo a lungo termine, 57
produttività, 51
profitti, 50
profitto, 131
progresso, 17, 18, 19, 21, 23, 40, 144
progresso nella virtù, 17, 40
prole, 110
promesse, 51, 73
prontezza, 5
proposizioni, 33, 34, 37
propria vita, 73
propria volontà, 17, 19, 60, 90, 91, 94, 142
proprietà, 2, 4, 65, 116, 138, 144
prosperità, 115
prospettiva, 43, 90, 109, 111, 113, 139, 147
prospettive, 57, 59
proteggere, 132
prova, 19, 30, 46, 54, 71, 113, 114, 131, 142
provare, 35, 63, 91
prove, 23, 113, 118, 127, 129, 134, 137
prove dei filosofi, 118
provincia, 141
provvidenza, 77, 78, 79
Provvidenza, 27, 78
pulirsi il naso, 29
punizione, 61, 63
punto di vista, 110, 133
qualità, 10, 14, 15, 27, 41, 57, 97, 120, 136
qualità non correlate, 41
questioni politiche, 110
questioni pratiche, 125
rabbia, 65, 74, 90, 124, 126
raccomandazioni, 145
ragazza, 90, 133
raggiungibile, 11

161

INDICE

ragionamento, 25, 33, 34, 35, 36, 37, 38, 40, 84, 110
ragione, 7, 13, 14, 15, 38, 45, 47, 53, 55, 56, 81, 84, 94, 99, 100, 109, 120, 124, 128, 130, 131, 140
rame, 73
rapimento di donne, 136
razionale, 1, 7, 8, 11, 28, 50, 79, 95, 103, 129
razionalità, 7, 10, 11, 24, 25, 80
re, 20, 28, 30, 40, 61, 62, 67, 73, 83, 115, 118, 137, 138
re comanda, 118
recipiente, 9
redditizio, 8, 135
regni terrestri, 69
regno della filosofia, 39
regno delle apparenze, 127
relazione, 2, 11, 33, 47, 73, 83, 96
relazioni, 73, 74, 108, 109, 147
remi, 114
reputazione, 20, 73, 138, 144
resilienza, 4, 31, 91, 115, 145
resistenza, 23, 29, 30
resistere, 23, 125
respirare, 79
responsabile, 28, 62, 67, 73, 83
responsabilità, 3, 8, 32, 34, 43, 51, 53, 57, 62, 77, 85, 109, 110, 116, 127
responsabilità familiare, 53
responsabilità personale, 116
ricco, 10, 46
ricerca della felicità, 53
ricerca di convalida, 97
ricettivo, 145
ricevere, 8, 46, 50, 70, 142
richiede, 99, 100, 113, 140
riconoscere, 11, 25, 27, 33, 34, 37, 61, 69, 77, 78, 79, 103, 123, 126, 129, 137, 143
Riconoscere, 4, 5, 6, 11, 20, 21, 24, 25, 31, 32, 37, 38, 41, 47, 51, 57, 58, 63, 67, 71, 74, 84, 85, 90, 96, 97, 107, 108, 116, 120, 121, 130, 135, 136, 143, 144
ricordare, 65, 119, 128, 147
Ricordare, 51, 67
ricordi, 69, 70
rifiutare, 18, 33, 34, 35, 36, 116, 131, 135
rifiutare l'assenso, 33, 34, 131, 135
riflettere, 7, 8, 87, 109
Riflettere, 4, 5, 11, 15, 25, 31, 41, 47, 51, 57, 71, 84, 85, 90, 96, 108, 110, 136, 149
Riflettere su, 4, 5, 11, 15, 25, 31, 41, 47, 51, 57, 71, 84, 85, 90, 96, 108, 110, 136, 149
riflettere sui principi, 109
rimedio, 62, 127, 128
rimedio contro l'abitudine, 127
risoluzione, 74, 75
rispetto, 20, 35, 48, 61, 67, 70, 94, 95, 96, 136, 148
rispondere, 9, 19, 34, 36, 38, 70, 121
risultati, 11, 17, 20, 49, 75, 97, 136
rivalutare, 111
Roma, 3, 44, 46, 49, 51, 56, 94, 114, 119
Romani, 106
Rufo, 3
rumore, 29, 89, 114
saggezza, 1, 33, 51, 77, 105, 109, 113, 121, 123, 125, 138
saggezza convenzionale, 109
saggezza divina, 77
saggi del passato, 138
saggiatore, 100
saggio, 14, 34, 47, 73, 88, 95, 109
salute, 24, 73, 106, 108
Saturnalia, 118, 140
sbagliato, 50, 53, 54, 56, 88, 106, 136
scegliere, 4, 62, 121, 141
scelta, 2, 4, 13, 41, 84, 85, 88, 90, 91
scelte, 11, 73, 109, 116, 117, 120
schiavo, 29, 65, 66, 89, 107, 119, 143, 145

schiavo negligente, 65
sciocco, 30, 37, 46, 95, 106, 107
scoperta, 21, 70, 101
scopo, 8, 10, 27, 29, 31, 33, 41, 51, 60, 62, 73, 79, 99, 100, 103, 124, 139, 147
scout, 115
scritto, 1, 82, 96
scrivere, 2, 3, 4, 46, 60
segni, 78, 83, 84
segreto, 3
seguaci di Pirro, 127, 129
seguire, 10, 44, 60, 100, 114, 123, 132, 136, 139, 147, 149
semplicità, 116
senato, 9
Senato, 4, 9
Senofonte, 82
sensi, 70, 129, 130
sentirsi, 66
senza ostacoli, 1, 120
serenità, 49
sessi, 78
sestario di sangue, 48
sfida, 23, 93, 109
Sfidare nozioni assurde, 96
sfide, 11, 30, 31, 34, 43, 47, 51, 65, 91, 113, 123, 144
sforzarsi, 65
sforzo, 10, 15, 39, 99, 100, 113
sicurezza, 44, 47, 71, 121
significa, 4, 11, 17, 25, 60, 119, 140
significato, 30, 33, 47, 77, 83, 84, 99, 109, 140, 147, 148, 149
sillogismi, 40, 41, 140
sillogismo ipotetico, 125, 142
sillogismo perfetto, 39
singola premessa, 37
Siriani, 106
sistema, 100
situazioni specifiche, 105, 106, 108
società, 103, 104, 106, 108
Socrate, 10, 43, 44, 46, 48, 59, 60, 61, 82, 94, 120, 125, 137, 139, 140, 143
sofferenza autoimposta, 63
sofisma, 37, 38

sofismi, 37, 127, 128, 130
sofisti, 33, 35, 37
Sofocle, 134, 136
soldati, 69, 71, 78
sole, 29, 70, 71, 94, 119, 139
solo, 3, 8, 10, 14, 15, 17, 18, 19, 20, 21, 24, 27, 28, 30, 33, 34, 39, 40, 43, 44, 49, 57, 59, 61, 62, 63, 65, 66, 70, 77, 78, 81, 82, 89, 94, 95, 96, 100, 114, 116, 121, 124, 129, 132, 133, 137, 144
soluzione, 27, 127
somiglianza, 50
sopportabile, 7, 119
sopportare, 29, 30, 31, 45, 53, 66, 124
sordo, 88
sospensione del giudizio, 87, 90
sostegno, 48, 51
sovrintendente, 49, 51, 95
spaventato, 114
spettatore, 29, 119
spirito generoso, 48
spirito nobile, 30, 48
stagnante, 25
stato, 2, 4, 5, 9, 23, 24, 25, 29, 30, 35, 36, 56, 60, 61, 62, 69, 74, 75, 85, 90, 95, 107, 114, 118, 119, 121, 125, 132, 135, 139, 140, 141, 142
stato conforme alla natura, 74, 75
statue, 21, 107
stelle, 131
Stoici, 142
stomaco, 46, 79
struttura, 99
studenti, 126
studiare, 4, 6, 19, 101
successo, 10, 46, 132, 142
suono, 100
superare, 10, 91
superiorità, 93, 96
sviluppo, 32, 36, 41, 48, 74, 75, 96, 130, 144
sviluppo personale, 41, 74, 75, 130
temperanza, 65, 66

templi, 20, 21, 107
tempo, 3, 4, 45, 47, 50, 55, 74, 118, 127, 129, 130, 141, 143, 149
tendenza, 87, 104, 117
tentazione, 48, 51, 91
teoria, 123, 125
teoria filosofica, 123
terra, 2, 44, 50, 57, 66, 70, 79, 89, 107, 114, 115, 128
terra straniera, 128
terribile, 24, 114, 133
terrore, 139, 143, 145
terrori, 143
testa, 3, 8, 9, 10, 56, 89, 107, 119, 138
testamento, 11
tiranni, 45, 95, 115
tirannia, 65
titoli, 95, 96
toga, 9, 114
tollerabile, 7, 11
tragedia, 20, 115, 134
tragedie, 115, 136
tragici, 141
tragico, 141, 143
tranquillità, 17, 18, 20, 21, 49, 51, 61, 63, 113, 114, 120
trascurare, 11, 19, 28, 36, 41, 43, 50, 77, 95
trascurato, 15
travi, 133
Troia, 133
tumori, 54, 56
tumulti civili, 135
Tutti, 10, 89, 94, 95, 142
ucciso, 3, 36
Ulisse, 59, 60
umile, 14, 19, 46, 78, 103
unione, 28, 71
unirsi, 51, 80
uomini, 3, 13, 14, 15, 20, 24, 30, 44, 47, 53, 66, 71, 77, 82, 87, 90, 95, 105, 107, 119, 125, 133, 134, 135, 136, 139, 140, 143, 148, 149
uomini di camera, 95, 149

usare, 1, 2, 3, 5, 24, 28, 29, 32, 36, 37, 38, 54, 63, 80, 90, 124, 136
utile, 95, 105, 135
utilità, 9
valore, 1, 2, 4, 7, 8, 10, 11, 39, 45, 47, 48, 51, 60, 80, 88, 90, 94, 96, 100, 104, 123, 138
valori, 11, 67, 84
valutare, 1, 8, 11, 34
vantarsi, 103
variazioni, 38
vaso da notte, 8
vedere, 19, 29, 31, 40, 71, 95, 114, 120, 125, 135, 141
veleno, 21, 143
vendetta, 132
venti, 3
vera bontà, 137
vera essenza, 13
vera gratitudine, 97
vera illuminazione, 27
vera libertà, 60, 63
vera natura, 8, 41, 51
vera saggezza, 96
vergogna, 23, 24, 25, 147, 148
verità, 18, 20, 21, 23, 24, 33, 34, 37, 82, 83, 84, 101, 107, 119, 127, 131, 132, 134, 135, 137
verità filosofiche, 138
vero, 1, 10, 17, 18, 21, 28, 30, 31, 35, 43, 55, 56, 57, 78, 82, 83, 87, 96, 97, 105, 107, 108, 113, 131, 132, 133, 134, 135, 137
vero carattere, 113
vero filosofo, 105, 107, 108
vero valore, 10, 21, 78, 96, 97
Vespasiano, 9
vestiti, 77, 79, 88, 141
viaggio introspettivo, 123
vicino, 8, 89, 107, 114
vile, 46
viola, 9, 11
virtù, 17, 18, 21, 39, 41, 60, 97, 136
virtuoso, 36, 118
visione, 119

vista, 28, 29, 54, 62, 79, 100, 114, 119
vita, 1, 8, 10, 17, 19, 21, 24, 27, 29, 30, 31, 33, 34, 37, 41, 45, 47, 49, 57, 62, 65, 74, 94, 103, 104, 106, 107, 110, 113, 116, 118, 120, 123, 124, 125, 126, 130, 139, 141, 143, 144, 145, 148
vita quotidiana, 21, 33, 37, 123
vita reale, 124, 125
vittorioso, 91
vivere, 9, 20, 21, 44, 46, 51, 73, 74, 107, 119, 121, 125, 126, 143
vivere a Nicopoli, 119
vivere senza domande, 126
volontà, 3, 6, 7, 10, 18, 19, 20, 21, 44, 56, 57, 61, 82, 83, 84, 85, 88, 89, 90, 91, 95, 106, 107, 108, 117, 120, 137, 138, 139, 144, 145, 147, 148, 149
Volontà, 137, 138, 143
volontà della natura, 82, 84
volumi, 125
Zenone, 82, 100, 101
Zeus, 2, 3, 5, 13, 14, 15, 30, 61, 65, 66, 70, 78, 94, 107, 117, 128
zoppo, 40

www.ingramcontent.com/pod-product-compliance
Lightning Source LLC
LaVergne TN
LVHW011941070526
838202LV00054B/4747